Investir dans l'immobilier depuis chez soi

Découvrir, comprendre, s'enrichir
avec les foncières cotées

Philippe Proudhon

Pour échanger à propos du livre :
www.devenir-rentier.fr/viewtopic.php?id=6665

Pour contacter l'auteur du livre :
philippe@devenir-rentier.fr

Édition « Investir dans l'immobilier depuis chez soi »

112, avenue de Paris - CS60002 SP, 94306 Vincennes cedex

Site Internet : www.devenir-rentier.fr

ISBN : 978-2-9548659-1-1

Introduction

Dans mon précédent livre[1], je partageais mon approche patrimoniale pour devenir « rentier ».

L'objectif était d'atteindre un capital de 600 000 €, ce qui générerait une rente mensuelle d'environ 2 000 € après impôts et prélèvements sociaux.

Contrairement à la pensée dominante en France, ce livre ne faisait pas la part belle à l'investissement immobilier locatif, mais plutôt aux actions, SCPI[2] et sociétés immobilières cotées.

Depuis sa parution en 2010, ces dernières ont continué à croître et sont plus nombreuses et plus populaires, particulièrement aux États-Unis. En France, elles restent relativement méconnues, malgré leurs nombreux atouts.

L'objet de ce livre est de présenter en détail les sociétés immobilières cotées, et comment investir dans celles-ci dans une optique de rente ou de génération d'un complément de revenus.

---

[1] http://amzn.to/qA8Dh2

[2] Sociétés Civiles de Placement Immobilier, qui partagent certaines caractéristiques des foncières cotées

Partie 1 :

Pourquoi investir dans les foncières cotées ?

Chapitre

1

Définition et origines

Remarque : le livre abonde de références chiffrées, cours de bourse, capitalisation boursière, valeur patrimoniale, etc. Sauf précision du contraire, il s'agit de données à jour de la dernière relecture du livre, soit juin 2014.

Qu'est-ce qu'une foncière cotée ?

Une foncière cotée ou société immobilière cotée est une société cotée sur un marché boursier dont l'activité principale est la détention d'un patrimoine immobilier à des fins locatives.

Le patrimoine immobilier peut être composé d'immobilier résidentiel ou d'entreprise, comme les bureaux, commerces, locaux industriels, établissements de santé…

L'immobilier d'entreprise ou immobilier commercial s'oppose à l'immobilier résidentiel, car le locataire n'est plus un particulier mais une société.

La majorité des sociétés immobilières cotées exercent sous un régime particulier qui leur permet de ne payer aucun impôt sur les bénéfices liés aux revenus locatifs, à la condition principale qu'elles reversent l'essentiel de leurs profits à leurs actionnaires sous forme de dividendes.

« King of Prussia » : un centre commercial appartenant à la foncière américaine Simon Property Group (source : www.simon.com)

Ce statut impose également d'autres règles, selon diverses modalités propres à chaque pays, en termes de composition de l'actionnariat, du patrimoine ou encore d'endettement. D'une manière générale, ces règles ont pour but la protection de l'investisseur particulier, en le préservant d'un actionnaire majoritaire trop fort ou de dirigeants trop téméraires.

Pour l'investisseur particulier, les foncières cotées sont un véhicule de placement particulièrement intéressant pour générer des revenus, sans se soucier de la gestion locative et en accédant à moindres frais à l'immobilier d'entreprise national ou international, difficile d'accès autrement.

Histoire

Les premières sociétés immobilières cotées ont été créées aux États-Unis, dans les années 60, sous l'impulsion du « REIT Act », dont l'objectif était de donner accès pour le grand public à l'immobilier d'entreprise, jusqu'ici réservé aux investisseurs institutionnels ou aux personnes fortunées.

Le terme « REIT » est l'acronyme de « Real Estate Investment Trust » qui peut se traduire par « fonds d'investissement immobilier ».

Suivant l'exemple des États-Unis, une trentaine de pays ont progressivement légiféré sur des régimes quasi équivalents au statut REIT.

Citons par exemple, les Pays-Bas et leur statut FBI[3] en 1969, l'Australie et son statut A-REIT en 1971, la Belgique et son statut SICAFI[4] en 1995 ou encore la France et son statut SIIC[5] en 2003.

Les États-Unis étant les précurseurs dans ce domaine, c'est naturellement sur les marchés actions américains que l'on trouve le plus de foncières cotées : environ 200 pour une capitalisation boursière totale de presque 670 milliards d'euros[6].

---

[3] Fiscale Beleggingsinstellingen

[4] Société d'Investissement à Capital Fixe en Immobilier

[5] Sociétés d'Investissement Immobilier Cotées

[6] Source : NAREIT REITWatch d'avril 2014

Le Royaume-Uni est le deuxième pays le mieux fourni, avec une trentaine de foncières. Suivent ensuite le Japon, Hong Kong, le Canada, Singapour, l'Australie, la France, l'Allemagne, la Belgique et les Pays-Bas[7].

Enfin, certains pays ne comptent que quelques foncières, comme la Grèce ou l'Italie.

Jusque dans les années quatre-vingt-dix, les sociétés immobilières cotées étaient des placements marginaux, peu présents dans les portefeuilles des gestionnaires de fonds actions ou fonds de pension, notamment du fait d'une liquidité[8] trop étroite par rapport aux montants gérés.

Depuis, de nombreuses introductions en bourse de fonds immobiliers privés, couplées avec des augmentations de capital et un historique de performance concluant, en particulier le passage de la crise de 2009 et son crédit crunch[9], les ont popularisées.

---

[7] *ibid.*

[8] La liquidité d'un actif est sa capacité à être acheté et vendu rapidement sans provoquer de hausse ou baisse de prix.

[9] Un crédit crunch est un resserrement brutal et généralisé des conditions de crédit ; dit autrement : les banques ne prêtent plus.

Ce plébiscite se caractérise par une meilleure liquidité, de 1,1 milliard de dollars d'échanges quotidiens en 2004 à 5,3 milliards en 2014 pour les seules foncières américaines :

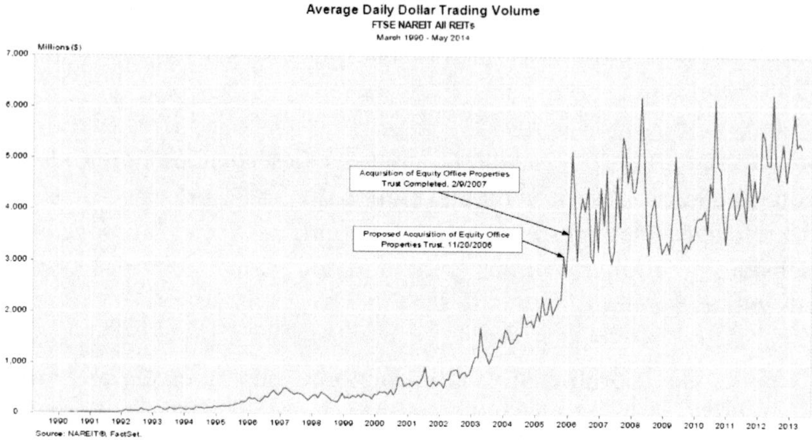

Évolution de la liquidité des foncières cotées aux États-Unis (source : NAREIT)

Les plus grosses foncières appartiennent même maintenant à des indices boursiers majeurs, comme la foncière de centres commerciaux et bureaux Unibail-Rodamco, en France pour le CAC 40.

Voici les plus importantes sociétés immobilières cotées, la majorité exerce sous le statut REIT :

Nom	Place de cotation	Capi. Boursière en Md€
Simon Property Group	États-Unis	38
Sun Hung Kai Properties	Hong Kong	27
Mitsubishi Estate	Japon	25

Nom	Place de cotation	Capi. Boursière en Md€
Mitsui Fudosan	Japon	24
Public Storage	États-Unis	21
Unibail-Rodamco	France	21
Equity Residential	États-Unis	17
Wharf Holdings	Hong Kong	16
General Growth Properties	États-Unis	15
Sumitomo Realty & Development	Japon	15
Prologis	États-Unis	15
Westfield Group	Australie	15
China Overseas Land & Investment	Hong Kong	15
Vornado Realty	États-Unis	14
Health Care REIT	États-Unis	14
HCP	États-Unis	14
Ventas	États-Unis	14
AvalonBay Communities	États-Unis	13
Boston Properties	États-Unis	13
Henderson Land Development	Hong Kong	13
Swire Properties	Hong Kong	13
Host Hotels & Resorts	États-Unis	12
Westfield Retail Trust	Australie	12
Hongkong Land Holdings	Singapour	12

Nom	Place de cotation	Capi. Boursière en Md€
Hang Lung Properties	Hong Kong	10
Land Securities Group	Royaume-Uni	10

Mais les foncières cotées ont encore énormément d'espace pour croître, puisque tandis que les États-Unis sont un des pays dans lequel elles sont le plus implantées avec l'Australie, elles ne détiendraient que 10 à 15% du marché de l'immobilier d'entreprise estimé à 6 700 milliards de dollars.[10] [11]

D'autre part, de grosses sociétés immobilières cotées côtoient de nombreuses petites, et des consolidations sont à prévoir, et ont déjà commencé, au fur et à mesure que le secteur progresse en maturité.

Résumé

Les foncières/sociétés immobilières cotées sont des sociétés cotant en bourse dont l'activité principale est la détention d'un patrimoine immobilier en vue d'en tirer des revenus locatifs.

Une foncière cotée peut exercer, ou non, sous le statut REIT, nommé SIIC, SICAFI, etc. selon les pays. Le statut REIT exonère d'une partie de l'impôt sur les bénéfices de la société, à condition que l'essentiel du profit soit versé en dividendes.

---

[10] Source : A Bird's Eye View of Global Real Estate Markets: 2012 Update – Prudential Real Estate Investors

[11] Les autres détenteurs sont essentiellement les fonds de pension, les banques/assureurs et les fonds privés.

Le statut REIT réglemente également la composition de l'actionnariat, du patrimoine, de la gouvernance, selon des modalités variables selon les pays, mais pensées pour protéger l'investisseur particulier.

C'est aux États-Unis que l'on trouve le plus de foncières cotées, mais il en existe également au Japon, Hong Kong, Royaume-Uni, Canada, France…

Les foncières cotées permettent à tous d'investir dans l'immobilier d'entreprise, au travers des marchés boursiers ; et d'en tirer une rente via les dividendes versés.

Les foncières cotées ne détiennent qu'un faible pourcentage de la totalité de l'immobilier commercial « disponible » et ont donc des possibilités de croissance.

Chapitre

2

Avantages

Accessibilité à un patrimoine immobilier inédit

En tant que particulier, vous pouvez investir dans des parcs de stationnement ou box de stockage, des appartements résidentiels, des maisons, des immeubles de rapport et éventuellement des murs de magasin.

Un investisseur aguerri avec d'importantes ressources financières pourra également s'engager sur de petits bureaux.

Mais les biens immobiliers les plus rentables restent réservés aux investisseurs institutionnels comme les banques, assureurs, fonds d'investissement, SCPI, foncières cotées, etc., car les montants en jeu, de quelques millions à plusieurs centaines de millions d'euros, sont hors de portée de l'investisseur particulier.

Par exemple, le prix de vente du complexe de bureaux Cœur Défense par Unibail-Rodamco à Lehman Brothers a dépassé les 2 milliards d'euros en 2007 :

« Cœur Défense » : 182 000 m^2 de bureaux
dans le quartier des affaires de La Défense, au Nord Est parisien

Plus récemment, citons le centre commercial parisien Beaugrenelle, appartenant à la foncière cotée française Gecina, qui a été cédé pour 700 millions d'euros.

Ainsi, les institutionnels peuvent investir dans l'immobilier de bureau, de commerce, résidentiel, médical, industriel, logistique, hôtelier et même des centres de données informatiques, des forêts ou des prisons.

L'univers d'investissement est encore plus vaste, par exemple, l'immobilier médical inclut les résidences pour personnes âgées, les cliniques, les centres de soins, de recherche en science du vivant et biotechnologie, ou encore les bureaux médicaux.

Chaque type de propriété présente des caractéristiques propres en termes de rentabilité, risques et évolution de son cycle immobilier.

Typiquement, les gros centres commerciaux ont généralement une rentabilité plus faible que l'immobilier de bureau, mais avec un risque opérationnel moins important, lié à une sensibilité plus faible à l'environnement économique.

L'énorme avantage de l'investissement en foncières cotées est de permettre une diversification facile de vos actifs pour augmenter la robustesse de votre patrimoine et la résilience de ses revenus afférents, au lieu d'être restreint à l'immobilier résidentiel local.

Investir à l'étranger sans vous déplacer

Périodiquement, nous voyons dans les magazines patrimoniaux des publicités proposant d'investir à distance dans une villa en Floride, Espagne, Grèce ou ailleurs.

Mais la qualité de l'investissement repose essentiellement sur la probité de l'agence immobilière, puisque par essence vous méconnaissez le marché local et ne pouvez vous permettre de multiplier les allers-retours sur place. D'autre part, si l'achat était réalisé et le bien loué, en percevant des revenus fonciers étrangers, vous auriez une complexité administrative supplémentaire à gérer.

Comme ces foncières sont cotées en bourse et que de nombreuses places boursières étrangères sont maintenant accessibles via les banques/courtiers en ligne, comme Boursorama, Fortuneo, Binck, etc., vous pourrez facilement par leur intermédiaire accéder aux marchés immobiliers américains, canadiens, anglais, etc. : il vous suffira d'acheter des foncières cotées américaines, canadiennes, anglaises, etc. sur les places boursières correspondantes, c'est-à-dire New York, Toronto, Londres, etc.

Sur le plan fiscal, quelques subtilités sont à connaître, mais le remplissage de votre déclaration sur le revenu ne se compliquera pas outre mesure, comme nous le verrons au chapitre « 2.9 – Déclarer les revenus de ses foncières cotées ».

En quelques clics, les foncières cotées vont donc vous permettre d'investir dans des résidences en Allemagne, des campus aux États-Unis, des bureaux à Hong Kong, des centres commerciaux à Londres ou des entrepôts à Singapour.

Un luxueux campus appartenant à la foncière américaine American Campus Properties (source : www.americancampus.com)

Absence de souci de gestion locative

Quand j'échange avec des amis qui louent des appartements en France sur d'éventuels soucis avec leur locataire, les réponses ressemblent dans le meilleur des cas à « pour le moment ça va, je touche du bois » et dans le pire à « je me bats pour récupérer mes derniers mois de loyers et j'ai du refaire entièrement l'appartement après le départ du locataire, cela m'a coûté l'équivalent de six mois de loyers ».

Personnellement, si l'objectif de mes investissements est la génération d'un flux de revenus, c'est-à-dire une rente, pour me tranquilliser et profiter de la vie, je n'ai pas envie de « toucher du bois », ni d'être ennuyé le week-end à cause d'un dégât des eaux ou d'une plainte de voisinage pour tapage nocturne.

La solution de donner la gérance de vos biens à une agence immobilière ne vous protégera pas d'une certaine paperasse, des impayés ou d'un saccage de l'appartement par un locataire colérique, nécessitant une remise en état qui grèvera la rentabilité.

Avec les foncières cotées, ces problèmes opérationnels vous sont complètement épargnés : c'est la foncière qui va gérer l'ensemble du parc immobilier, le recouvrement des loyers et les éventuels travaux d'entretien ou d'amélioration.

Il est d'ailleurs à noter que les institutionnels ont depuis longtemps déserté le marché immobilier résidentiel français, jugé peu rentable, avec des coûts de maintenance et administratifs trop élevés par rapport à la rentabilité locative brute.

Alignement de vos intérêts avec les gestionnaires immobiliers

Précédemment, nous avons évoqué les agences proposant des investissements immobiliers à l'étranger. Souvent l'opération sera une piètre opportunité, car **l'agence immobilière n'est pas rémunérée à la rentabilité future du bien immobilier, mais à la commission sur la vente de celui-ci : par conséquent, son objectif n'est pas de vous faire réaliser une bonne opération, mais de vendre le plus cher possible pour maximiser son profit.**

C'est exactement la même chose quand un « conseiller » financier vous propose un produit financier ou d'épargne sur lequel il touche une commission : cette fois encore, il n'est pas rémunéré sur la rentabilité future du produit, mais à sa souscription.

Les conseillers sont surtout des commerciaux (source : www.finance-watch.org)

Dans les deux cas, vos intérêts ne sont pas alignés avec les leurs et vous ne pouvez donc leur faire une confiance « aveugle ».

Le terme de « conseiller » financier dans les banques est usurpé puisqu'ils sont finalement des agents commerciaux, soumis à des objectifs de ventes. C'est moins vrai pour les conseillers financiers indépendants, mais ce métier est intrinsèquement vicié en France, ceux-ci ne sont pas rémunérés sous forme d'honoraires comme dans les pays anglo-saxons, mais sous forme de rétrocommissions sur les produits proposés[12].

---

[12] À vrai dire, les Français ne semblent pas non plus prêts à payer des honoraires de conseil pour investir au mieux leur patrimoine. De fait, les conseillers en gestion de patrimoine ne peuvent être rémunérés que via un système de commissionnement, avec les conflits d'intérêts qui en découlent.

Une foncière cotée est une société « classique » avec ses dirigeants[13] et ses salariés. Si son activité principale est d'acheter des biens immobiliers pour les louer, le management a un rôle important dans le choix des biens dans lesquels investir ou ceux à céder et dans la stratégie d'investissement[14], comme nous le verrons au chapitre « 3.6 – Équipe dirigeante ».

En investissant dans une foncière cotée, vous devenez actionnaire-propriétaire de celle-ci et souhaitez naturellement qu'elle prospère au mieux. *A priori*, c'est aussi le cas de ses dirigeants et salariés, qui n'ont pas intérêt à ce que la société perde de l'argent et à terme eux leur emploi. Ils auront généralement des incitations supplémentaires : soit qu'ils sont souvent eux-mêmes actionnaires de la société, soit qu'une partie de leur rémunération est variable et liée à la performance de la société. Cette rémunération peut prendre la forme de plan d'épargne groupe, d'attribution gratuite d'actions, d'options d'achat ou de souscription d'actions.

Les montants comme les modes de rémunération ne sont pas uniformes et peuvent varier d'une foncière cotée à une autre. L'idéal est qu'aussi bien les dirigeants que les salariés soient d'importants actionnaires de la société, et que les critères de performance de la part de rémunération variable aient une orientation long terme[15].

---

[13] Les dirigeants sont souvent également salariés, il y a un abus de langage. Le terme « dirigeants » fait référence ici aux salariés qui occupent des postes de direction, comme le Directeur des Ressources Humaines, le Directeur Financier, le Directeur des Systèmes d'Information...

[14] Typiquement : faut-il acheter un nouveau bien ou redévelopper un bien existant ?

[15] Il est possible d'augmenter la rentabilité à court terme d'une entreprise déjà rentable en coupant dans les dépenses d'investissement, ou pire, de

Ainsi, **d'une manière générale, une foncière cotée favorise un alignement entre les intérêts des gestionnaires immobiliers, salariés et dirigeants, et les vôtres.** Et pour cause : si les actifs immobiliers appartiennent directement à la foncière, ils sont indirectement propriétés des actionnaires-investisseurs, actionnaires-dirigeants ou actionnaires salariés.

Des frais d'acquisitions et cessions réduits

Si vous investissez dans de l'immobilier en direct, vous aurez à payer des frais de notaire et d'actes qui peuvent représenter 2 à 3% pour un bien neuf et 6 à 8% pour un bien ancien. À ceux-ci peuvent éventuellement s'ajouter une partie des honoraires d'agence.

S'ajouteront chaque année la taxe foncière, de possibles réparations, frais de copropriété, d'éventuels honoraires d'agence d'environ 10% des loyers pour la gestion locative et une possible assurance loyers impayés.

À la vente, vous payerez encore des frais de diagnostic, de copropriété en cours et d'éventuels honoraires d'agence et possibles frais de mainlevée d'hypothèque.

Si vous investissez dans l'immobilier via des SCPI[16], les frais de souscription sont généralement de 8 à 10% du montant engagé.

---

maintenance. À moyen terme, cela ne fait que paupériser l'entreprise et donc ses parties prenantes, dont l'actionnaire-propriétaire.

[16] Société Civile de Placement Immobilier, qui partage certaines caractéristiques des foncières cotées

Puisque les foncières cotées sont des actions, investir dans une foncière cotée consiste à acheter des actions.

Vous aurez donc à payer les frais de transaction liés au passage de l'ordre, éventuellement la taxe sur les transactions financières et de possibles droits de garde et frais de tenue de compte annuels.

Via les banques traditionnelles, les frais de transaction représentent environ 0,7 à 2% des montants engagés et les droits de garde annuels jusqu'à 0,25% de la valorisation du portefeuille.

Via les courtiers en ligne, comme Binck, Bourse Direct, Saxo Banque, etc., les tarifs sont plus compétitifs, avec des frais de transaction de 0,10 à 0,30% ; quand ils ne sont pas nuls en faisant jouer les offres promotionnelles de parrainage ou d'ouverture de compte. Par ailleurs, il n'y a généralement pas de droits de garde ou frais de tenue de compte.

Enfin, la taxe sur les transactions financières, de 0,2% ne s'applique qu'aux sociétés françaises dépassant 1 milliard d'euros de capitalisation boursière.

À titre d'exemple, en mars 2014, j'ai investi au total 145 000 € dans une société immobilière cotée canadienne au travers du courtier Binck. Bénéficiant d'une offre promotionnelle de parrainage, les frais liés à ces transactions ont été de… 0 € !

Acheté pour vous , Pershing, OTC (meilleure exécution) le 26/03/2014 à 15:51:53 heures (*): 3.015 Cominar Real Estate Investment Trust à 18,3644	36.032,50
Cours de change 1 EUR = CAD 1,536632	
Frais de transaction	0,00

Acheté pour vous , Pershing, OTC (meilleure exécution) le 25/03/2014 à 19:44:19 heures (*): 890 Cominar Real Estate Investment Trust à 18,3700 Cours de change 1 EUR = CAD 1,541257	10.607,77
Frais de transaction	0,00

Acheté pour vous , Pershing, OTC (meilleure exécution) le 12/03/2014 à 17:59:04 heures (*): 1.025 Cominar Real Estate Investment Trust à 18,0602 Cours de change 1 EUR = CAD 1,542821	11.998,64
Frais de transaction	0,00

Quelques avis d'opéré pour l'acquisition de 145 000 € de Cominar via Binck

Dit autrement, **j'ai pu investir 145 000 € dans de l'immobilier d'entreprise canadien en payant 0 € de frais.** Sans l'offre promotionnelle, j'aurais payé 0,25% (frais de transaction variable de 0,10% + frais de change de 0,10%) + 10 € (frais de transaction fixe), soit 370 € de frais totaux sur un investissement de 145 000 €.

La même opération via une banque « traditionnelle » aurait cependant coûté jusqu'à 3 000 € (2% environ de frais de courtage), soit 8 fois plus.

À titre d'exemple, au travers d'une banque « traditionnelle », l'acquisition de 11 640 € de la société immobilière française Mercialys m'a coûté 82 € de frais et taxes :

NATURE D'OPERATION :	BOURSE FRANCE
OPERATION :	ACHAT AU COMPTANT
TYPE D'ORDRE :	A COURS LIMITE 15.60 EUR
DATE ET HEURE D'EXECUTION :	14/03/2014 - 09:00:01
LIEU D'EXECUTION :	EQUIDUCT MARCHE REGLEMENTE SEGMENTB
LIBELLE VALEUR :	MERCIALYS
CODE VALEUR :	FR0010241638
QUANTITE :	750
COURS :	15.52 EUR

MONTANT BRUT	11 640,00
TAXE SUR LES ACQUISITIONS DE TITRES	23,28
COMMISSION	59,36

Avis d'opéré pour l'acquisition de 11640 € de Mercialys via Banque Populaire

Si la même baguette de pain se vendait 1 € dans une boulangerie et 8 € dans une autre, cela ferait scandale et la seconde ne verrait pas beaucoup de clients avant de fermer boutique. Mais de tels écarts existent au niveau des frais bancaires, aussi bien sur les services bancaires quotidiens que boursiers.

145 000 € de parts de SCPI aurait coûté en moyenne 14 500 € de frais de souscription, soit 40 fois plus.

Un studio locatif de 18 m^2 à Paris aurait coûté environ 11 000 € de frais de notaire, soit 30 fois plus.

D'autre part, Binck ne prélevant aucuns frais de garde ou de tenue de compte, le coût annuel de ce patrimoine immobilier canadien sera également de 0 €.[17]

Les seuls « frais » seront les prélèvements sociaux et l'impôt sur le revenu, dans la catégorie des revenus de valeurs mobilières, liés aux dividendes perçus.

Mais la situation du possesseur des parts de SCPI ou du studio n'est à cet égard pas différente, et il payera des prélèvements sociaux et l'impôt sur le revenu, dans la catégorie des revenus fonciers, liés aux coupons ou loyers perçus.

Liquidité

Un actif ou placement liquide est un actif qui peut être cédé rapidement sans décote par rapport à sa valeur de marché.

Typiquement, en décembre dernier, j'ai souhaité revendre ma moto. À l'argus, elle « cotait » environ 3 400 €, mais j'avais une contrainte forte : je devais la vendre sous deux semaines, date de mon déménagement.

Mise en vente sur divers sites d'annonces, à 2 900 €, donc 10% de moins que sa « cote », je n'eus aucune touche à la fin de la première semaine. Et pour cause : décembre est le pire mois pour vendre une moto d'occasion, car vous êtes en concurrence avec les concessionnaires et leurs offres promotionnelles d'hiver sur les

[17] Binck facture des frais d'inactivité de 5 € par mois si vous n'avez passé aucun ordre au cours des douze derniers mois. À 2,50 € le coût d'un ordre sur le NYSE Euronext, un ordre « bidon » de quelques titres suffit au besoin pour s'en exonérer.

véhicules neufs, le mauvais temps qui se prête mal à la conduite moto et d'autre part, les budgets sont amputés avec les cadeaux des fêtes.

En conséquence de quoi, quelques jours avant mon départ, j'ai cédé mon véhicule à un dépôt-vente, pour la modique somme de 1800 €, soit 50% en dessous de son prix argus.

Vous avez exactement la même problématique avec de l'immobilier physique. Si vous vendez au prix du marché, entre la mise en vente et la cession effective, il peut s'écouler plusieurs mois, voire plusieurs années dans les petits villages où le prix de marché ne signifie pas grand-chose également, puisque les transactions sont trop peu fréquentes pour pouvoir parler de marché.

Plus vous souhaitez vendre vite, plus vous devez consentir un effort sur le prix et donc brader votre bien. Ainsi, même s'il y a évidemment des variations entre un bien en centre-ville d'une grande métropole et un autre en périphérie d'un bourg de campagne, l'immobilier physique est un actif intrinsèquement peu liquide.

Avec les sociétés immobilières cotées, et particulièrement les foncières les plus importantes appartenant à de grands indices boursiers, vous bénéficiez de la liquidité et profondeur des marchés boursiers : la vente est immédiate dès lors que vous en donnez l'ordre.

Par conséquent, si vous souhaitez vendre aujourd'hui à 16h00 au prix du marché, trois clics plus tard, à 16h01 vos actions ont été cédées et l'argent de la vente est sur votre compte !

« Fractionnabilité »

Un autre avantage des foncières cotées est ce que j'appelle la « fractionnabilité ».

Imaginons que vous ayez un besoin urgent de 40 000 €.

Dans un cas, vous détenez une studette en plein centre de Paris d'une valeur de 140 000 €, dans l'autre 12 000 actions de la société immobilière cotée canadienne Cominar, d'une valeur de marché également de 140 000 €.

Avec la studette, pour récupérer 40 000 €, vous devez la céder en totalité et vous vous retrouvez avec 100 000 € de « trop », que vous devez réinvestir en usant de votre temps et énergie et sans garantie de retrouver la rentabilité que vous aviez auparavant. En outre, vous serez imposé sur la plus-value éventuelle à hauteur de 140 000 €.

Avec la foncière cotée, il vous suffit de vendre 3430 actions pour récupérer 40 000 €. Les 8570 actions restantes continuent de vous rapporter des dividendes et vous n'avez donc aucun coût d'opportunité, ni temps et énergie perdus à retrouver un placement de rentabilité équivalente. De plus, vous n'êtes imposés que sur la plus-value éventuelle à hauteur de 40 000 €.

Transparence

Les sociétés immobilières cotées sur des marchés réglementés doivent respecter les obligations réglementaires de ceux-ci, notamment en termes d'audit de comptes et communication aux actionnaires.

Aussi, les foncières publient des rapports annuels et même également trimestriels dans certains pays, avec notamment :

- une présentation de la société, sa stratégie, son organisation, son actionnariat, ses activités et ses risques ;

- un commentaire sur l'exercice, notamment les acquisitions, cessions de biens ; éventuellement une estimation de la valeur du patrimoine ;

- les comptes annuels et éventuellement consolidés : bilan, situation financière, résultat, capitaux propres, flux de trésorerie ;

- la gouvernance : l'équipe dirigeante, les membres du conseil d'administration, éventuellement du directoire, leurs rémunérations ;

- la liste des actifs détenus.

À titre d'exemple, le document de référence 2013 de Gecina fait 368 pages :

Sommaire du rapport annuel de Gecina (source : www.gecina.fr)

Rassurez-vous, vous n'avez pas besoin de lire la totalité du rapport, nous verrons dans la partie 3 « Qualités d'une foncière cotée » les éléments clés à considérer avant d'investir dans une foncière.

Mais l'information est disponible, publique et participe ainsi à la bonne gestion de la foncière.

Protection contre l'inflation

Le risque inflationniste a déjà été abordé dans mon livre « Devenir rentier en dix ans », au chapitre « 2.3 – L'ennemi : l'inflation ».

L'inflation est une forme d'imposition masquée qui érode votre pouvoir d'achat et votre patrimoine s'ils ne progressent pas au moins au même rythme que celle-ci.

Quand le livret A rapporte 1,25% annuellement ; avec une inflation à 2% par an, son rendement nominal est positif à 1,25%, mais son rendement réel est négatif, a -0,75% : vous perdez du pouvoir d'achat.

Comme tous les actifs « réels »[18], d'une manière générale, l'immobilier protège implicitement de l'inflation, c'est-à-dire que tendanciellement, les prix de l'immobilier progressent plus ou moins au rythme de l'inflation.[19]

Cette protection est également explicite, aussi bien pour l'immobilier résidentiel que commercial, par l'indexation des loyers sur un indice – supposé protéger de l'inflation – dans la majorité des contrats de bail.

---

[18] Les métaux précieux, les matières premières, l'immobilier, les infrastructures…

[19] Ce qui ne signifie pas que l'immobilier ne baisse jamais ! Si l'inflation est de 2% par an depuis quinze ans, mais que les prix de l'immobilier ont progressé de 10% par an sur la même période, il n'est pas usurpé d'imaginer qu'il puisse y avoir une correction.

Typiquement, la foncière de santé américaine HCP a l'habitude de négocier des baux stipulant une augmentation annuelle du loyer égale à l'inflation avec un plancher à +2,5%.

L'inflation peut même être avantageuse pour les foncières cotées, puisqu'elles utilisent quasi systématiquement le levier de l'endettement, en privilégiant l'endettement à taux fixe. Or, si une hausse généralisée des prix pénalise le rendement d'un placement, elle profite aux emprunteurs à taux fixe en diminuant la charge des intérêts en terme réel.

Performance

Dans une optique de rente, l'investisseur particulier s'intéressera surtout à la pérennité et progression des dividendes versés et regardera peu l'évolution des cours de bourse.

Pour autant, la performance des sociétés immobilières cotées depuis les années 90 est excellente : $100 000 investis en 1989 serait devenus $1 218 000 en 2014, soit une multiplication par 11 ![20]

[20] Source : NAREIT à partir de l'indice FTSE NAREIT All Equity REITs, qui est constitué de l'ensemble des sociétés immobilières cotées aux États-Unis

Cette performance surpasse celle des indices S&P500 et Russell 2000 :

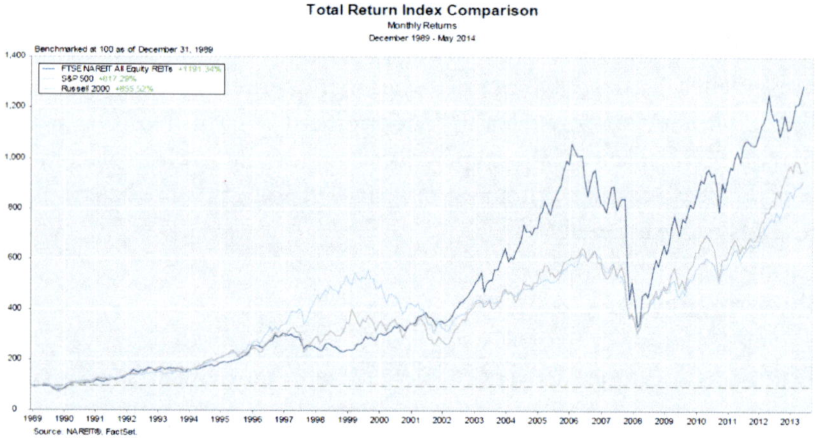

Comparaison des performances des indices FTSE NAREIT All Equity REITs, S&P 500 et Russell 2000 (source : www.reit.com)

Ces vingt dernières années, la progression annualisée du FTSE NAREIT All Equity REITs, qui regroupe l'ensemble des sociétés immobilières cotées aux États-Unis a été de 10,2% contre 9,5% pour le S&P500.[21]

Cette performance doit cependant être relativisée.

Premièrement, à l'exception de la crise de 2009, les foncières cotées ont bénéficié d'un environnement financier favorable, caractérisé

[21] *ibid.*

par une baisse continue des taux longs[22] et une inflation maîtrisée, leur permettant de s'endetter à moindre coût.

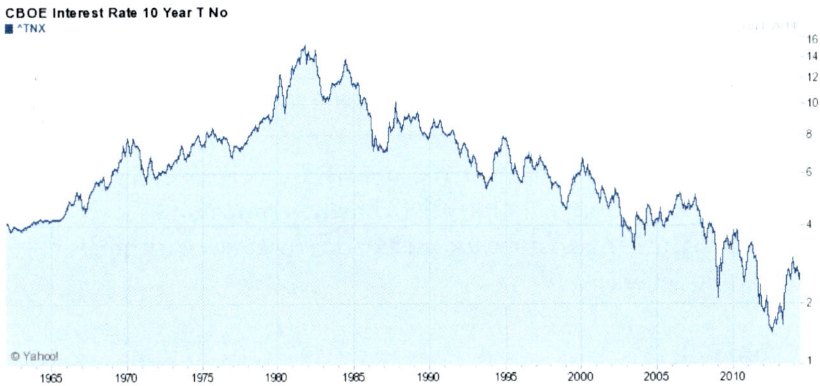

Taux des emprunts d'État américain à dix ans - après une baisse quasi continue depuis trente ans, favorable aux emprunteurs, il semble remonter. (source : http://finance.yahoo.com)

Deuxièmement, cette progression est calculée sur la base d'un réinvestissement systématique des dividendes, sans frottement fiscal et frais. En pratique, si vous recevez 1000 € de dividende, vous ne pourrez en réinvestir que 600-850 €, selon votre taux d'imposition. Par conséquent, le rendement de l'investisseur particulier sera nécessairement inférieur au rendement théorique.

Troisièmement, si nous investissons dans des foncières cotées, c'est plutôt dans le but d'utiliser le dividende comme un complément de revenus, que pour le réinvestir. De fait, la performance annualisée passe de 10,2 à 3,6% sur vingt ans si les dividendes perçus ne sont

[22] Le terme « taux long » fait référence au taux des emprunts d'État à dix ans. Il conditionne de nombreux autres taux, comme les taux d'emprunt proposés par les banques lorsque vous souscrivez un prêt pour acheter un bien immobilier.

pas systématiquement réinvestis, en application du principe des intérêts composés.

Ce 3,6% n'est cependant pas mauvais, puisqu'il signifie que notre patrimoine de foncières cotées croît plus vite que l'inflation, bien que nous « consommions » les dividendes versés.

Notons que les performances récentes des foncières cotées dans les autres pays développés sont relativement comparables avec celles des États-Unis, mais nous ne disposons pas de statistiques aussi longues et détaillées.

Résumé

Les foncières cotées ont de multiples avantages.

Elles permettent d'accéder facilement à un large éventail d'actifs immobiliers, partout dans le monde.

Elles vous libèrent de tous soucis locatifs et coûts imprévus.

Les frais d'acquisitions et cessions sont ridiculement faibles par rapport à l'immobilier en direct ou via les SCPI, spécialement en passant par des courtiers actions en ligne plutôt que des banques traditionnelles.

Elles sont normalement bien gérées, car les intérêts des dirigeants et salariés sont, sauf cas particulier de mauvaise gouvernance, alignés avec les vôtres. La cotation sur les marchés réglementés contribue également à la bonne gestion et à la transparence.

Par opposition à l'immobilier physique, ce sont des actifs liquides et fractionnables, permettant des cessions immédiates de tout ou partie de votre investissement.

Comme l'immobilier physique, les foncières cotées protègent de l'inflation.

La performance historique « théorique » des sociétés immobilières cotées est excellente, mais l'investisseur particulier ne fera pas aussi bien, soit du fait du frottement fiscal, soit simplement parce qu'il va « consommer » ses dividendes et non les réinvestir.

Chapitre

3

Limites

Impossibilité d'autofinancement

Nous l'avons vu, ces foncières sont cotées en bourse, elles s'achètent donc comme des actions « classiques » et ont les mêmes caractéristiques qu'une action « classique ».

Or, en France, un particulier ne peut obtenir un prêt à long terme pour acheter des actions, comme cela peut être le cas avec de l'immobilier en direct ou des SCPI. Ainsi, une banque pourra vous prêter sur vingt ans pour un investissement locatif ou l'achat de parts de SCPI, mais pas pour acheter des foncières cotées.

Par conséquent, **tandis qu'un bon investissement locatif peut être autofinancé, c'est-à-dire avec des loyers couvrant l'ensemble des charges, taxes et remboursements de prêt, l'autofinancement est impossible pour un investissement dans des foncières cotées.**

Si vous avez une capacité d'épargne importante ou disposez déjà d'un capital que vous souhaitez réallouer à des fins de diversification ou d'optimisation, comme la vente d'un immeuble locatif en direct pour un replacement en foncières cotées, cela n'est pas gênant. Dans le cas contraire, l'investissement immobilier en direct, en visant l'autofinancement, sera probablement plus opportun, malgré ses contraintes.

Volatilité du cours

Une des conséquences de la cotation de ces sociétés en bourse est qu'elles ont un cours qui varient quotidiennement : +1% un jour, +0,5% le lendemain, -1,3% le surlendemain…

Historiquement, cette volatilité est moins élevée sur les foncières que sur les actions classiques. Typiquement le cours de bourse de Mercialys, qui possède des galeries marchandes en France, varie nettement moins que celui de Peugeot, comme l'indique son coefficient bêta[23] de 0,3 contre 1,4 en juin 2014.

Ceci parce qu'**à moyen et long terme, le cours de bourse d'une foncière évolue grossièrement de la même façon que son patrimoine immobilier sous-jacent : si celui-ci s'apprécie, le cours de bourse monte et s'il diminue, le cours de bourse baisse.**

---

[23] Le coefficient bêta est une mesure statistique basée sur l'historique de variation du cours de bourse d'une action par rapport à son indice de référence - généralement le CAC40 pour les actions françaises. Habituellement, il s'agit des variations quotidiennes observées sur les trois dernières années. Plus le coefficient est élevé, plus la volatilité est importante. Un coefficient bêta de 1 indique des variations moyennes de même amplitude que l'indice.

Comme la valeur d'un patrimoine immobilier ne subit pas d'importantes variations d'un jour à l'autre, il n'y a pas de raison objective à ce que le cours de bourse d'une foncière cotée subisse également de fortes variations.

Cependant, lors de la crise financière de 2009, les volatilités ont connu un pic particulièrement important, y compris pour les foncières cotées.

Realty Income, une des foncières cotées américaines les plus réputées, possédant un patrimoine de murs de magasin aux États-Unis, a ainsi vu son cours de bourse passer de $29 en septembre 2008 à $17 en mars 2009, avant de remonter à $27 début 2010 :

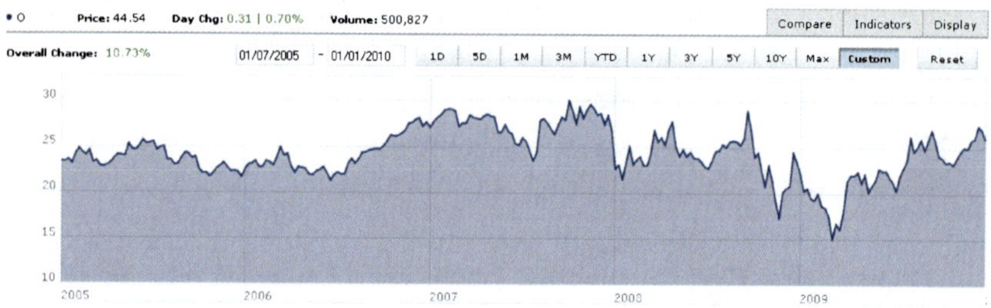

Évolution du cours de bourse de Realty Income (source : www.morningstar.com)

Par la suite, le cours de bourse a continué à monter jusqu'à $55 en mai 2013 pour redescendre à $38 début 2014 :

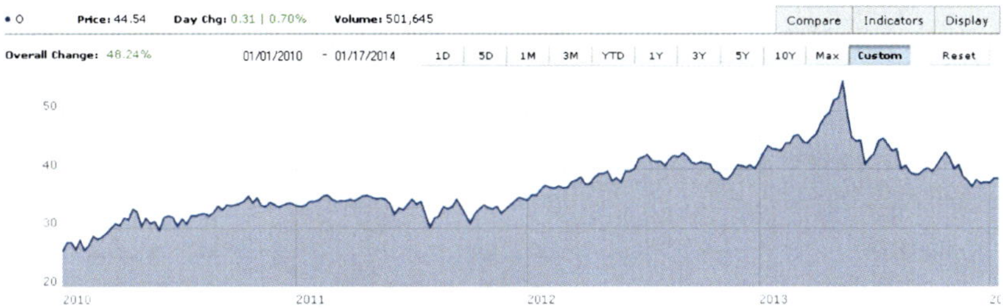

Évolution du cours de bourse de Realty Income (source : www.morningstar.com)

Durant ces deux périodes, le dividende mensuel versé aux actionnaires n'a fait que croître, y compris durant la crise financière.

Pour être exact, il est passé de $0,11 par mois et par action en 2005 à $0,18 par mois et par action en 2013 ; soit une hausse de 63% !

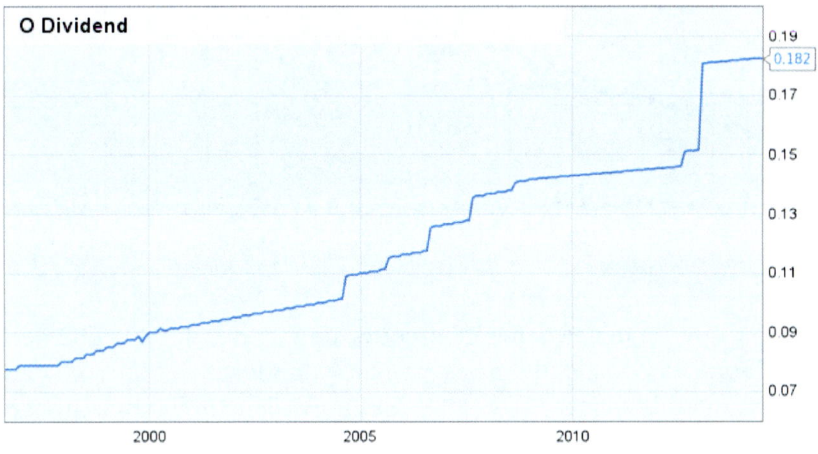

Évolution du dividende de Realty Income depuis 2000 (source : http://ycharts.com)

Comme les actions « classiques », le cours de bourse des sociétés immobilières cotées peut être parfois exagérément bas ou anormalement haut, malgré la stabilité des actifs immobiliers sous-jacents et des dividendes liés aux loyers afférents.

Cela est particulièrement explicite en superposant sur le même graphique l'évolution du dividende de Realty Income et son cours de bourse :

YEAR	2000	2001	2002	2003	2004	2005	2006	2007	2008	2009	2010	2011	2012	2013	2014
HIGH	12.75	15.08	18.55	20.49	26.07	25.69	28.45	30.70	34.86	28.23	35.97	36.35	44.22	55.48	0.00
LOW	9.62	12.15	13.45	16.43	17.68	21.08	21.25	22.87	15.00	14.25	25.28	27.93	34.30	36.58	0.00

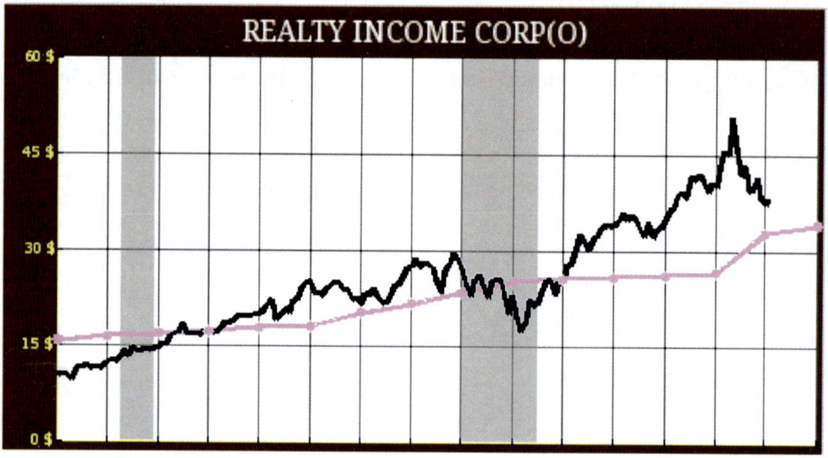

Évolution du dividende et du cours de bourse de Realty Income (source : FAST Graph)

Tandis que tendanciellement le cours de bourse suit logiquement l'évolution du dividende, nous pouvons supposer que le cours est exagérément bas en 2000 et 2009 ; et anormalement haut en 2012 et 2013.

Dès lors que notre préoccupation essentielle est le flux de revenus, c'est-à-dire le dividende, et que celui-ci est versé, ces

variations de cours de bourse ne devraient pas inquiéter outre mesure.

Un cours exagérément bas peut être au contraire une excellente opportunité d'investissement : typiquement, en mars 2009, le rendement sur dividende de Realty Income était de 9,8% contre 5,7% début 2014.

L'investisseur à long terme dans des foncières cotées doit se réjouir des baisses boursières : elles lui permettent d'investir avec un meilleur rendement.

Le raisonnement est extensible aux actions « classiques » : toutes choses égales par ailleurs, moins cher vous payez, meilleure sera votre rentabilité future.

Faillite

Une société immobilière cotée peut-elle faire faillite ?

Contrairement aux SCPI, les sociétés immobilières cotées utilisent quasi systématiquement le levier de l'endettement.

Typiquement, la foncière diversifiée canadienne Cominar, détient un patrimoine immobilier de 5,5 milliards de dollars pour 2,8 milliards d'endettement et 2,7 milliards de capitaux propres, soit un endettement sur actif de 51%.

À titre de comparaison, si vous achetez un appartement locatif à 150 000 € avec un apport de 30 000 €, l'endettement sur actif est de 80%. Pire que le plus agressif des LBO[24] !

Il y a néanmoins une autre différence : les sociétés immobilières s'endettent généralement avec des emprunts *in fine*, tandis qu'un particulier utilisera plutôt un crédit amortissable, moins risqué.

Le risque de faillite se matérialise lorsque la foncière fait face à un « mur de dettes », qu'elle n'arrive pas à refinancer, soit parce que le marché de l'immobilier est figé et elle ne peut solder ses actifs immobiliers, soit parce que le crédit se fait rare, comme lors du crédit crunch de 2009.

Un crédit crunch est un resserrement brutal et généralisé des conditions de crédit : dit autrement, les banques ne prêtent plus.

Si au même moment, la foncière doit faire face à d'importantes échéances de remboursement et ne peut faire « rouler » sa dette, c'est-à-dire souscrire un nouveau crédit pour rembourser l'ancien, il y a un risque de défaut et faillite.

---

[24] Un LBO ou Leveraged Buy-Out consiste en l'acquisition d'une entreprise par un important endettement, dont les intérêts sont payés par les dividendes futurs de la société cible. Ces opérations ont souvent mauvaise presse, car elles sont perçues comme se faisant au détriment des salariés et de la pérennité à long terme.

Par exemple, début 2009, la foncière française de bureaux Société de La Tour Eiffel, a été particulièrement malmenée en bourse tandis que les investisseurs s'inquiétaient du « mur de dettes » à venir en 2010 :

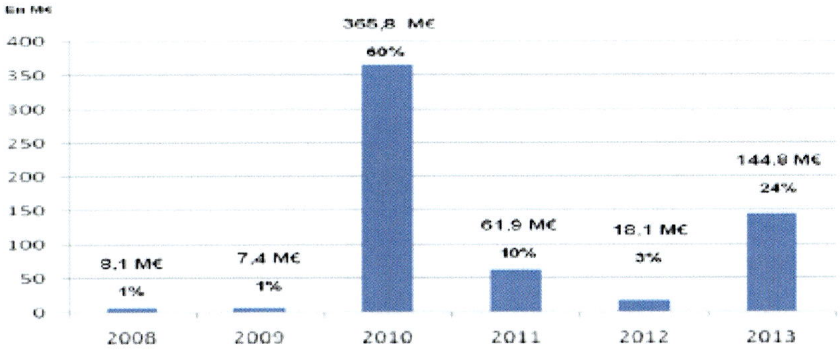

Échéancier d'endettement de Société de la Tour Eiffel en 2009 (source : www.societetoureiffel.com)

Société de la Tour Eiffel a finalement pu comme à l'accoutumée faire « rouler » sa dette, et ses inquiétudes se sont avérées *a posteriori* excessives :

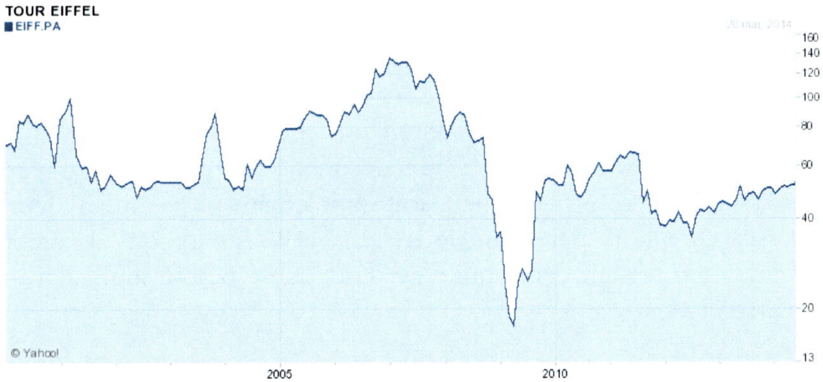

Évolution du cours de bourse de Société de la Tour Eiffel (source : http://finance.yahoo.com)

La foncière américaine de bureaux SL Green Realty, et d'autres, ont eu un parcours boursier similaire, pour les mêmes raisons :

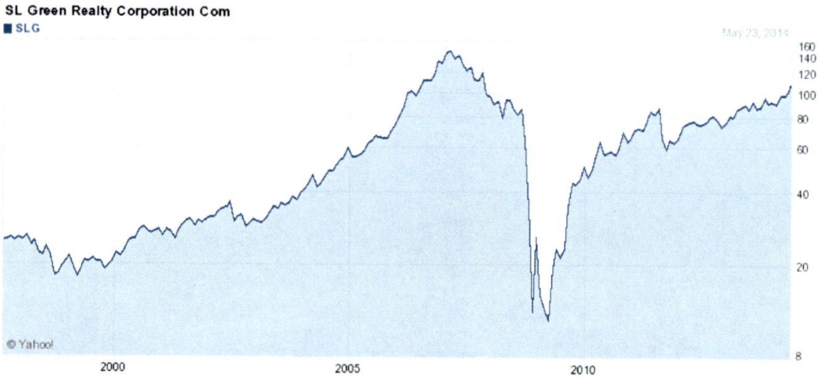

Évolution du cours de bourse de SL Green Realty (source : http://finance.yahoo.com)

La seule faillite d'une foncière liée au crédit crunch de 2009 est venue de la foncière américaine de centres commerciaux General Growth Properties, dont l'endettement était excessif et avec des échéances trop rapprochées. Après restructuration de sa dette, elle a pu revenir sur les marchés et capitalise aujourd'hui 21 milliards de dollars.

En fait, la quasi-totalité des foncières ont réussi à faire face au resserrement temporairement des conditions de crédit, soit en réduisant/supprimant temporairement leur dividende, soit en considérant des sources de financement alternatives à travers l'émission d'actions nouvelles, soit simplement en retardant leurs investissements et patientant le temps que les conditions de crédit s'améliorent – pour celles qui n'avaient pas de besoin immédiat de financement.

Aujourd'hui, les foncières les plus grosses et les mieux gérées maintiennent un endettement contenu, autour de 40% de l'actif immobilier, et ont accès à de multiples sources de financement comme les prêts bancaires, l'émission d'obligations, d'obligations convertibles, d'obligations gagées sur leurs actifs immobiliers, d'actions préférentielles, préférentielles convertibles, ordinaires…

La cotation sur un marché boursier est même un atout, car l'émission d'actions nouvelles pour couvrir un besoin pressant de financement est toujours possible, même si l'opération peut être dilutive pour les actionnaires existants.

Le risque de faillite est par conséquent quasi nul, spécialement sur les grosses foncières cotées.

Perte en capital

Si la perte totale de votre investissement dans une foncière cotée est quasi exclue, une perte partielle en capital est possible.

Celle-ci peut être de trois ordres :

1. Le patrimoine immobilier de la foncière cotée a perdu de la valeur depuis votre achat, et le cours de bourse a baissé en conséquence.

2. Le patrimoine immobilier de la foncière se porte bien, mais le cours de bourse est temporairement absurdement bas et vous avez malheureusement besoin de solder tout ou partie de votre position à ce moment-ci.

3. Vous avez investi à un cours exagérément haut, ne correspondant pas à la valeur du patrimoine immobilier de la foncière et lorsque le cours de bourse revient à un « juste » niveau, vous avez une moins-value latente.

Dans le premier et le troisième cas, il vous suffit de ne rien faire, d'encaisser vos dividendes et d'attendre des jours meilleurs pour éviter une perte effective en capital.

Le deuxième cas peut être évité/limité :

- en ayant un portefeuille de foncières diversifié, pour éventuellement céder une foncière en plus-value plutôt qu'en moins-value,

- en investissant uniquement un capital dont vous êtes certain de ne pas avoir besoin à court et moyen terme.

Cette problématique n'est pas spécifique aux foncières cotées et se retrouve également avec les SCPI ou l'investissement immobilier en direct.

Puissance de diversification

Cette question est longuement abordée dans mon livre « Devenir Rentier en dix ans » au chapitre « 5.1 – Diversifier pour se protéger ».

L'idée générale est d'appliquer l'adage « ne pas mettre tous ses œufs dans le même panier » dans la gestion de son patrimoine.

De sorte que, quelles que soient les vicissitudes économiques, les évolutions des différents placements au sein du patrimoine se compensent pour diminuer la volatilité de celui-ci tout en générant un rendement positif.

Par exemple, un investisseur qui détiendrait trois studios dans le centre-ville de Paris aurait un patrimoine moins diversifié qu'un autre qui en détiendrait un à Paris, un à Londres et un à New York.

Intuitivement, nous sentons que le patrimoine du second est plus « robuste » que celui du premier : si l'immobilier baisse de 50% à Paris, le patrimoine du premier « baisse » de 50%, tandis que celui du second ne « baisse » que de 16%, car il y a peu de chance que l'immobilier chute également à Londres et New York dans le même temps.

Lorsqu'il s'agit de placements cotés, il est facile de mesurer statistiquement l'intensité de la relation entre deux actifs, au travers du coefficient de corrélation, compris entre -1 et 1.

Voici l'évolution des cours dividendes réinvestis des foncières cotées américaines de murs de commerces Realty Income et National Retail Properties :

Performance de Realty Income vs National Retail Properties (source : http://ycharts.com)

La proximité des courbes sur le graphique montre une corrélation élevée, que confirme un coefficient de corrélation de 0,77[25]. Depuis dix ans, être investi à la fois dans Realty Income *et* dans National Retail Properties ne change pas grand-chose et est finalement équivalent à être investi dans Realty Income *ou* National Retail Properties.

Voici maintenant l'évolution des cours dividendes réinvestis de Realty Income et la foncière américaine de centres commerciaux régionaux Simon Property Group :

Performance de Realty Income vs Simon Property Group (source : http://ycharts.com)

Cette fois-ci, nous notons un écart de performance, en faveur de Simon Property Group, mais avec une progression plus heurtée, particulièrement en 2009. Le coefficient de corrélation de 0,64[26]

[25] Coefficient de corrélation sur deux ans. Source : www.investspy.com

[26] *ibid.*

confirme une liaison plus faible entre O et SPG, qu'entre O et NNN.

Voici enfin une comparaison entre Realty Income et un panier d'obligations d'entreprise, à travers l'indice Barclays Capital Aggregate Bond Index :

Progression de Realty Income vs AGG (source : http://ycharts.com)

La performance de l'indice Barclays Capital Aggregate Bond Index est nettement plus faible que celle de Realty Income, mais a l'avantage d'être quasi linéaire et sans surprise. Le coefficient de corrélation de 0,27[27] confirme l'absence de liaison.

Puisque ces foncières cotent en bourse, sont-elles si différentes des actions « classiques », particulièrement en cas de krach boursier ? Ne risquent-elles pas d'être jetées avec l'eau du bain, les acteurs de

---

[27] *ibid.*

marché « oubliant » les actifs immobiliers sous-jacents détenus par celle-ci ?

Nous avons justement vu précédemment que les foncières subissaient également une partie des vicissitudes des marchés bousiers.

Voici une comparaison entre Realty Income et l'indice des actions américaines S&P500 :

Performance de Realty Income vs S&P500 (source : http://ycharts.com)

Le coefficient de corrélation à 0,41[28] traduit une liaison modérée. Elle est inférieure à celle que nous avions avec Simon Property Group mais supérieure à celle eu avec Barclays Capital Aggregate Bond Index. Seul ce dernier n'a montré quasi aucune volatilité durant la crise de 2009.

---

[28] *ibid.*

Ces exemples sont américains, mais les foncières européennes ou asiatiques ont des historiques similaires.

Il est possible que si les sociétés immobilières cotées continuent à gagner en maturité, en popularité et à être mieux comprises, la corrélation avec les actions « classiques » diminue.

Mais le krach boursier de 2009 a montré que les cours de bourse des foncières cotées pouvaient être corrélés à ceux des actions « classiques ». À court terme, ces foncières ont donc un pouvoir « diversifiant » par rapport aux marchés boursiers inférieur à l'immobilier en direct ou aux SCPI.

Résumé

Le cours de bourse d'une foncière cotée est généralement moins volatil que celui d'une entreprise « classique », mais peut néanmoins être absurdement faible ou exagérément élevé sur de courtes périodes.

Il n'est pas possible de s'endetter pour investir dans des sociétés immobilières cotées, comme nous pouvons le faire avec de l'immobilier en direct ou des SCPI. L'autofinancement de l'investissement en foncières cotées n'est donc pas possible.

Le risque de faillite d'une foncière cotée est quasi nul, par contre, des investissements à des niveaux de cours exagérément hauts ou inconsidérés peuvent conduire à une perte en capital.

À court terme, les cours de bourse des foncières cotées peuvent être corrélés à ceux des actions « classiques ».

Chapitre

4

Typologie

Immobilier commercial et immobilier résidentiel

Le principal avantage des foncières cotées et de la création du statut REIT, est d'avoir permis et encouragé l'investissement des particuliers dans l'immobilier d'entreprise/commercial, où le locataire n'est plus un particulier, mais une société.

La National Association of Real Estate Investment Trusts ou NAREIT (www.reit.com/nareit), classe les foncières cotées en dix grandes catégories :

- **Bureaux** (*office*)
- **Commerces et centres commerciaux** (*retail*)
- **Logistique et industriel** (*industrial*)
- **Santé** (*health care*)
- **Résidentiel** (*residential*)
- **Diversifié** (*diversified*)
- **Centres de villégiature et hôtels** (*lodging/resorts*)

- **Box de stockage** (*self-storage*)
- **Forêts** (*timber*)
- **Infrastructure** (*infrastructure*)

Si une foncière ne détient qu'un seul type d'immeubles, elle sera classée dans son type correspondant.

Si une foncière détient plusieurs types d'immeubles, elle sera classée comme foncière diversifiée, à moins que sa diversification ne soit marginale, auquel cas elle sera classée d'après son type dominant.

La frontière peut être floue et Unibail-Rodamco, qui détient 83 centres commerciaux régionaux et 20 immeubles de bureaux, pourra selon les sites financiers être classée comme foncière de commerces ou foncière diversifiée.

En tant qu'investisseur, une bonne pratique est de répartir ses avoirs dans des sociétés immobilières de différents types, comme nous le verrons au chapitre « 2.7 – Exemples de portefeuille ».

Nous détaillerons également cette typologie, en précisant systématiquement le vocabulaire anglophone correspondant, afin de vous faciliter la lecture d'informations – rapports annuels, présentations, articles de presse – sur les foncières étrangères.

Géographie

Généralement, une société immobilière détiendra un patrimoine majoritairement situé dans le même pays que sa place principale de cotation.

Par exemple, la foncière logistique Argan cote sur Euronext Paris et possède des immeubles exclusivement en France.

Il y a quelques exceptions, comme la foncière canadienne Dream Global REIT qui détient un patrimoine de bureaux exclusivement en Allemagne. D'autres exemples sont la foncière singapourienne Saizen REIT qui investit strictement au Japon et la foncière hollandaise Eurocommercial Properties, qui investit uniquement en France, Italie et Suède.

Au-delà du/des pays d'investissement, les sociétés immobilières peuvent choisir de circonscrire leurs actifs à des territoires précis :

- une capitale, par exemple Paris,
- une capitale et sa proche banlieue, par exemple Paris et sa petite couronne,
- aux grandes métropoles régionales, par exemple Paris, Marseille, Lyon, Toulouse, Nice,
- aux hubs logistiques, par exemple les aéroports de Roissy-CDG, d'Orly et le site de Rungis, pour les foncières logistiques,
- les pôles universitaires pour les foncières de résidences étudiantes,
- les régions ensoleillées, pour certaines foncières résidentielles ou de santé,
- etc.

Au niveau local, une société immobilière peut se limiter au centre-ville ou étendre son horizon d'investissement à la périphérie et à la banlieue.

À première vue, nous pourrions penser qu'il faille privilégier les foncières qui ne se « brident » pas, et vont chercher les opportunités immobilières « partout », en terme de pays, ville, situation.

En pratique, les économies d'échelles et la connaissance du marché immobilier sont plus faciles à obtenir sur des espaces restreints et **les foncières les mieux gérées ont des actifs plutôt concentrés en terme géographique/typologique**.

D'ailleurs, nous pouvons noter un recentrage récent de certaines foncières qui étaient probablement trop diversifiées compte tenu de leur taille.

Par exemple, Wereldhave est une foncière hollandaise d'environ 1 milliard d'euros de capitalisation boursière qui détenait un patrimoine d'immeubles variés en Europe, et curieusement également aux États-Unis. Le portefeuille d'immeubles de bureaux aux États-Unis a été fortement affecté par la crise de 2009 et Wereldhave a modifié sa stratégie pour se recentrer sur les immeubles de commerces et centres commerciaux en Belgique, Finlande et aux Pays-Bas.

Un autre exemple est Société de la Tour Eiffel, 300 millions d'euros de capitalisation boursière, qui détenait des actifs dans toute la France en périphérie des villes et se recentre depuis 2013 sur les immeubles de bureaux à Paris.[29]

Dans les exemples à suivre, depuis 1970, la foncière américaine Boston Properties se concentre sur les immeubles de bureaux dans quatre grandes métropoles, Boston, New York, San Francisco et Washington DC et totalise maintenant 18 milliards de dollars de capitalisation boursière avec des actifs prestigieux en portefeuille.

---

[29] Le timing du recentrage est discutable et l'avenir dira si c'était un choix pertinent.

Un immeuble de 92 000 m² à New York, appartenant à Boston Properties (source : www.bostonproperties.com)

Fréquence du dividende

Bien que la fréquence du dividende soit une caractéristique plus financière qu'opérationnelle, elle est suffisamment importante aux yeux de l'investisseur particulier pour mériter un traitement à part, dans les paragraphes qui suivent.

Rappelez-vous que nous ne sommes pas directement rémunérés sous forme de loyers, mais de dividendes.

La fréquence et les mois de versement de ceux-ci varient d'une foncière à l'autre.

Les foncières européennes versent leur dividende sur une base annuelle ou semestrielle, éventuellement trimestrielle pour les foncières britanniques.

Typiquement, si vous investissez 100 000 € dans Unibail-Rodamco, soit 500 actions au cours actuel de 200 €, vous percevrez[30] en une seule fois, 4 450 € au mois de mai[31].

Les foncières américaines versent leur dividende sur une base trimestrielle, exceptionnellement mensuelle.

Enfin, les foncières canadiennes ont la séduisante singularité de verser des dividendes mensuels.

Ansi, si vous investissez 100 000 € dans la foncière canadienne Cominar, soit 7 766 actions au cours actuel de $19,1, plutôt que percevoir en une seule fois $11 183, vous recevrez[32] mensuellement $932.

---

[30] Avant impôts et prélèvements sociaux, sur la base du dividende versé en 2013

[31] Les sociétés françaises versent souvent leur dividende au mois de mai, c'est le cas d'Unibail-Rodamco.

[32] *ibid.*

Un dividende versé mensuellement a deux avantages :

- dès le mois suivant l'acquisition des titres, vous percevez votre « rente », alors qu'il faut attendre jusqu'à un an[33] dans le cas d'un dividende annuel,
- nous sommes habitués à gérer notre budget sur une base mensuelle et donc un complément de revenus versé également mensuellement s'y prête parfaitement.

D'où l'intérêt de ne pas se limiter aux sociétés immobilières européennes et d'investir également dans des foncières canadiennes ou américaines.

L'immobilier de bureau

Les principales sociétés immobilières de bureaux (*office REIT*) sont :

Nom	Place de cotation	Capi. boursière en Md€
Boston Properties	États-Unis	13
SL Green Realty	États-Unis	8
Nippon Building Fund	Japon	6
Icade	France	6
Japan Real Estate Investment	Japon	5

[33] Si par exemple la société détache son dividende en avril et que vous acquérez vos titres en mai, vous attendrez un an – mai de l'année suivante – avant l'encaissement de votre premier dividende.

Les immeubles de bureaux appartiennent à deux grandes catégories : ceux du Quartier Central des Affaires (*Central Business District*) et ceux de la périphérie (*suburban*).

De plus, ils sont classés avec des lettres A (*class A office*), B (*class B office*) et C (*class office*).

A désigne les immeubles luxueux dans les zones les plus recherchées, avec des loyers au-dessus de la moyenne.

C désigne les immeubles plus fonctionnels, dans des zones moins recherchées, généralement en périphérie (*suburban*), avec des loyers moindres.

B désigne les immeubles intermédiaires en terme de qualité de construction et/ou emplacement.

L'immobilier de bureau, et particulièrement les immeubles de classes B/C ou ceux en périphérie, est sensible au contexte économique, notamment à l'emploi des cadres.

En tant qu'investisseur, il faudra savoir résister aux sirènes du rendement sur dividende élevé et être prudent sur les petites foncières de bureaux, dont les immeubles de moindre qualité et moins bien situés peuvent présenter des vacances importantes en cas de retournement de conjoncture.

Les plus grosses foncières de bureaux ont l'assise financière pour se concentrer sur les bureaux de classe A dans les QCA des grandes métropoles et sont plus « défensives ».

La NAREIT inclut également dans cette catégorie les foncières d'immeubles-laboratoires, destinés aux sociétés pharmaceutiques, de biotechnologie, aux universités ou aux organismes gouvernementaux.

Les immeubles-laboratoires nécessitent notamment des plafonds très hauts, des capacités accrues de charge, de chauffage, de refroidissement, de ventilation, des cloisonnements entre les pièces, une protection incendie et une sécurisation du bâtiment spécifiques.

Les deux sociétés immobilières appartenant à cette niche sont :

Nom	Place de cotation	Capi. boursière en Md€
Alexandria Real Estate Equities	États-Unis	4
BioMed Realty Trust	États-Unis	3

De plus, les deux foncières américaines de santé HCP et Health Care REIT se diversifient dans ce secteur qui profite de l'essor des sciences du vivant.

L'immobilier de commerces et centres commerciaux

Les principales sociétés immobilières de commerces et centres commerciaux (*retail REIT*) sont :

Nom	Place de cotation	Capi. boursière en Md€
Simon Property Group	États-Unis	38
General Growth Properties	États-Unis	15
Westfield Group	Australie	15
Westfield Retail Trust	Australie	12
Link REIT	Hong Kong	9

Cette catégorie inclut les centres commerciaux (*shopping center* ou *mall*), les parcs d'activité commerciale (*retail park* ou *power center*) et les murs de magasin (*free standing*).

Les centres commerciaux sont classés d'après leur surface et/ou nombres de magasins.

Les centres commerciaux régionaux (*regional center* ou *regional mall*) ou super régionaux (*superregional center* ou *superregional mall*) totalisent 40 000 à 80 000 m^2 de surface commerciale utile et/ou au moins 80 à 150 magasins et services.[34]

Ce sont, par exemple, Les Quatre Temps dans le quartier d'affaires de La Défense ou Le Forum des Hall au cœur de Paris.

[34] Source : Conseil National des Centres Commerciaux

Les petits (*neighborhood center*) et grands centres commerciaux (*community center*) totalisent 5000 à 20 000 m^2 de surface commerciale utile et/ou au moins 20 ou 40 magasins et services. Une galerie marchande (*strip mall*) désigne un petit centre commercial linéaire, généralement couvert.

Les parcs d'activité commerciale (*retail park* ou *power center*) sont des espaces commerciaux à ciels ouverts, multienseignes, gérés comme une unité. Les grands parcs d'activité totalisent au moins 10 000 m^2, les petits, au moins 1000 m^2.

Un parc d'activités commercial à Bourg-En-Bresse, appartenant à la foncière française Patrimoine & Commerce (source : www.patrimoine-commerce.com)

Certains centres commerciaux ou parcs d'activités sont spécialisés sur une thématique : magasins d'usine (*factory outlet center*) ou d'équipements de la maison.

Un centre commercial comporte toujours au moins une enseigne locomotive (*anchor*) capable d'attirer une clientèle régulière. Il s'agit généralement d'un hypermarché à dominante alimentaire comme Carrefour, Auchan, Monoprix, etc., éventuellement d'un discounter de l'équipement de maison comme IKEA. De grosses enseignes complémentaires comme H&M, Décathlon, Boulanger, FNAC, etc.

et une offre de divertissements – restaurants, cinémas, club de gym – contribuent également à l'attrait du centre.

Parfois, une partie des loyers perçus est indexée sur le chiffre d'affaires (*percentage lease*) des enseignes locataires. Mais même sans cette liaison explicite, pour que l'activité soit pérenne, le loyer maximum dont va pouvoir s'acquitter l'enseigne va dépendre de sa rentabilité[35].

Les murs de magasin (*free standing retail*) ou murs de boutique désignent un emplacement mono-enseigne et autonome. Les termes « boutique » ou « magasin » sont usuels, mais réducteurs : il peut s'agir aussi bien d'un salon de coiffure, d'un restaurant, d'une pharmacie en pied d'immeuble en centre-ville, d'un centre de fitness en périphérie ou d'une station essence de banlieue.

[35] Ainsi, le taux d'effort mesure le pourcentage du chiffre d'affaires que va consacrer l'enseigne en loyer + charges. Il est de 5 à 15% selon l'activité.

Murs « de magasin » appartenant à National Retail Properties (source : www.nnnreit.com)

Les foncières vont généralement se spécialiser, par exemple :

Nom	Dominante
Simon Property Group	Centres commerciaux [super]régionaux
Kimco Realty	Petits et grands centres commerciaux
Patrimoine & Commerce	Parcs d'activités
Tanger Factory Outlet Centers	Magasins d'usine
National Retail Properties	Murs de magasin

Notons que la foncière la plus importante au monde, avec 51 milliards de dollars de capitalisation boursière, est une foncière américaine de centres commerciaux : Simon Property Group.

Quoiqu'influencé par la consommation des ménages, l'immobilier de centres commerciaux est normalement relativement « défensif », car quel que soit le contexte économique, nous avons besoin de manger et la présence d'une enseigne alimentaire locomotive garantit la fréquentation des centres.

Bénéficiant notamment de la tendance à l'externalisation des biens immobiliers par des opérations de cession-bail[36], les foncières de murs de magasin se sont également bien comportées depuis vingt ans, malgré la crise financière.

Certaines activités comme la Hi-fi, les librairies, les disquaires, subissent à plein la concurrence d'Internet, mais ces foncières s'efforcent d'avoir des locataires variés et n'ont pas de problème jusqu'ici pour relouer en cas de faillite. Typiquement, Realty Income possède 4 200 murs, loués à 211 sociétés de 47 secteurs différents, avec un taux d'occupation de 98%.

[36] Une cession-bail ou « sale and leaseback » consiste pour une société à céder ses actifs immobiliers pour les relouer ensuite à long terme. Par exemple, en mai 2014, Golden Gate Capital, le nouveau propriétaire de la chaîne de restaurant Red Lobster a cédé 500 murs pour 1,5 milliard de dollars à la foncière américaine American Realty Capital Properties. L'intérêt pour Golden Gate Capital est de disposer immédiatement d'un important flux de liquidité, qui peut être réinvesti ailleurs.

L'immobilier logistique et industriel

Les principales sociétés immobilières logistiques et industrielles (*industrial* REIT) sont :

Nom	Place de cotation	Capi. boursière en Md€
Prologis	États-Unis	15
Segro	Royaume-Uni	3
Ascendas	Singapour	3
Nippon Prologis	Japon	3
DCT Industrial Trust	États-Unis	2

Cette catégorie inclut les plates-formes logistiques (*distribution center*), les entrepôts de stockage (*bulk warehouse space*), les locaux industriels (*manufacturing facilities*), les centres de recherche et développement (*research & development facilities*) et les entrepôts convertis en bureaux (*flex office space*).

Comme pour l'immobilier de bureau, il existe une classification A, B et C, fonction de la qualité de l'immeuble et son emplacement.

Parmi les foncières cotées, ce secteur est largement dominé par l'américain Prologis[37], qui gère 51 milliards de dollars d'actifs à travers le monde.

---

[37] Prologis et AMB Property étaient les deux plus importantes foncières logistiques & industrielles, elles ont fusionné en 2011, donnant naissance à un leader incontesté.

Un centre de distribution à Moissy en France, appartenant à Prologis (source : www.prologis.com)

Sur les vingt dernières années, les foncières logistiques et industrielles sous-performent celles de bureaux ou commerces[38], mais elles pourraient maintenant profiter de la montée du e-commerce et de la tendance à l'externalisation de la fonction logistique.

[38] Les performances historiques sont toutefois perverties par l'importance de Prologis dans l'indice des foncières logistiques & industrielles, qui a mal vécu la crise de 2009.

L'immobilier de santé

Les principales sociétés immobilières de santé (*health care REIT*) sont :

Nom	Place de cotation	Capi. boursière en Md€
Ventas	États-Unis	14
HCP	États-Unis	14
Health Care REIT	États-Unis	14
Senior Housing Properties Trust	États-Unis	3
Omega Healthcare Investors	États-Unis	3

Cette catégorie inclut les résidences pour personnes âgées (*senior housing*), les cliniques (*hospitals*), les centres de soins de suite et de réadaptation (*Skilled Nursing Facilities*), les bureaux médicaux ou cabinets de consultations médicales (*Medical Office Buildings*).

Les résidences pour personnes âgées se déclinent également en maisons de repos (*assisted living*) et résidences services (*independant living*), qui peuvent même être des villages retraite (*Continuing Care Retirement Communities*) aux États-Unis et au Canada.

Un exemple de village retraite aux États-Unis (source : www.lssliving.org)

Notons que même dans le cas des maisons de repos, la foncière est seulement propriétaire des murs et l'exploitation est assurée par les sociétés-locataires, par exemple Brookdale Senior Living ou Sunrise Senior Living.

Les trois plus importantes sociétés immobilières cotées détiennent des patrimoines diversifiés dans tous les États-Unis :

Nom	Dominante
Ventas	Diversifié
HCP	Diversifié et immeubles-laboratoires
Health Care REIT	Diversifié et immeubles-laboratoires
Senior Housing Properties Trust	Résidences pour personnes âgées
Omega Healthcare Investors	Centres de soins et cliniques

D'ailleurs, pour l'heure, la quasi-totalité des « pures » foncières de santé se trouvent aux États-Unis et au Canada.

C'est pourtant un secteur acyclique, appuyé par une tendance solide et inéluctable dans les pays développés : le vieillissement de la population.

Quelques foncières européennes se diversifient toutefois dans l'immobilier de santé, comme les Français Gecina et Foncière des Régions ou les Belges Aedifica et Cofinimmo.

L'immobilier résidentiel

Les principales sociétés immobilières résidentielles (*residential* ou *multi housing REIT*) sont :

Nom	Place de cotation	Capi. boursière en Md€
Equity Residential	États-Unis	17
AvalonBay Communities	États-Unis	13
Essex Property Trust	États-Unis	8
UDR	États-Unis	5
Camden Property Trust	États-Unis	4

Cette catégorie inclut les appartements (*apartments* ou *multi-family*), les résidences étudiantes (*student housing*), les maisons individuelles (*single-family*) et les collectivités de maisons préfabriquées (*manufactured housing communities*) et parcs à caravanes (*recreational vehicle park*).

Notons que dans le cas des appartements, les foncières ne sont pas propriétaires de logements disparates comme le serait un particulier, mais d'immeubles entiers ou villages-résidence, afin d'optimiser la gestion et les coûts.

Une collectivité de maisons préfabriquées et parcs à caravanes appartenant à la foncière américaine Sun Communities (source : www.suncommunities.com)

Depuis peu, nous trouvons des sociétés immobilières de maisons individuelles aux États-Unis. En effet, à la suite de l'effondrement de l'immobilier résidentiel américain et la crise de 2009, le gouvernement a encouragé les acteurs institutionnels à racheter « en blocs » les propriétés saisies. De fait, ils ont pu acquérir des « portefeuilles » de maisons individuelles à des prix permettant d'obtenir un rendement locatif compétitif par rapport à ce qu'il est habituellement.

Les foncières vont généralement se spécialiser, par exemple :

Nom	Dominante
Equity Residential	Appartements
AvalonBay Communities	Villages-résidences
American Campus Properties	Campus
Sun Communities	Collectivités de maisons préfabriquées et parcs à caravanes
Silver Bay	Maisons individuelles

Comme pour l'immobilier de santé, les foncières résidentielles sont essentiellement américaines ou canadiennes. Nous en trouvons toutefois également en Allemagne, comme Gagfah, Deutsche Wohnen ou GSW Immobilien, mais elles n'exercent pas sous le statut REIT. En France, seule la Foncière Développement Logements détenait un patrimoine exclusivement résidentiel, essentiellement en Allemagne, mais elle a été absorbée par sa maison-mère Foncière des Régions en mai 2014.

Si l'immobilier résidentiel est moins sensible à l'économie que l'immobilier de bureau ou de commerces, sa rentabilité locative est plus faible, grevée par des coûts de maintenance et frais de gestion importants.

Moins glamour, les collectivités de maisons préfabriquées ont des atouts : elles bénéficient d'une résilience aux crises économiques grâce à des loyers contenus, un turnover locatif plus faible et de moindres coûts de maintenance, notamment car le locataire peut être propriétaire de la maison, mais loue l'emplacement.

Les trois sociétés immobilières appartenant à cette niche sont :

Nom	Place de cotation	Capi. boursière en Md€
Equity Lifestyle Properties	États-Unis	3
Sun Communities	États-Unis	1
UMH Properties	États-Unis	< 1

De plus, les foncières canadiennes Canadian Apartment Properties et Killam Properties sont présentes sur ce secteur.

L'immobilier diversifié

Cette catégorie regroupe les foncières sans dominante sectorielle marquée et possédant des immeubles d'au moins deux typologies.

Les principales sociétés immobilières diversifiées (*diversified REIT*) sont :

Nom	Pays	Capi. boursière en Md€
Unibail-Rodamco	France	21
Vornado Realty Trust	États-Unis	14
Land Securities Group	Royaume-Uni	10
British Land	Royaume-Uni	9
Gecina	France	7

Comme nous l'avons vu en début de chapitre, il est difficile d'être « bon » en tout et partout et une diversification excessive n'est pas nécessairement profitable à la foncière et à ses actionnaires.

D'ailleurs, d'une manière générale, les sociétés immobilières très diversifiées sont pénalisées par leur lisibilité plus faible et souvent moins bien valorisées que leurs pairs plus spécialisés.

Une diversification maîtrisée, avec une concentration sur des actifs prestigieux, comme le fait Unibail-Rodamco, ou sur une zone géographique donnée, comme le font Land Securities Group à Londres et Vornado Realty Trust à New York et Washington DC peut toutefois être bénéfique, en améliorant la résilience de la foncière aux cycles économiques sans pénaliser sa croissance.

Curieusement[39], la NAREIT inclut également dans cette catégorie les foncières de centres de données informatiques, destinés aux opérateurs de services en télécommunication ou aux acteurs de l'internet, notamment les hébergeurs de sites Web.

Typiquement, un centre de données nécessite notamment des capacités accrues d'électricité, de refroidissement, de connexions aux réseaux, une protection incendie et une sécurisation du bâtiment spécifiques.

[39] Puisqu'il s'agit finalement d'immeubles de bureaux et que ces foncières ne sont pas diversifiées, je ne comprends pas pourquoi la NAREIT les classe dans cette catégorie.

Un centre de données informatiques appartenant à la foncière américaine Digital Realty Trust (source : www.digitalrealty.com)

La foncière possède les murs et également une partie de l'infrastructure technologique.

Les quatre sociétés immobilières appartenant à cette niche sont :

Nom	Place de cotation	Capi. boursière en Md€
Digital Realty Trust	États-Unis	6
DuPont Fabros Technology	États-Unis	2
CoreSite Realty	États-Unis	< 1
CyrusOne	États-Unis	< 1

De plus, la foncière américaine de bureaux Corporate Office Properties et la foncière britannique logistique et industrielle Segro se diversifient dans ce sous-secteur qui profite de la croissance des technologies de la communication.

La NAREIT classe également dans cette catégorie quelques curiosités…

Il existe ainsi deux foncières possédant des centres de détention, cumulant quand même 5 milliards d'euros de capitalisation boursière :

Nom	Place de cotation	Capi. boursière en Md€
Corrections Corp of America	États-Unis	3
GEO Group	États-Unis	2

D'autre part, en 2013 et 2014, deux foncières possédant des terrains agricoles ont été introduites en bourse :

Nom	Place de cotation	Capi. boursière en Md€
Gladstone Land	États-Unis	< 1
Farmland Partners	États-Unis	< 1

Mais elles semblent surtout « surfer » sur la probable bulle des prix des terres agricoles en Amérique.

Centres de villégiature et hôtels

Les principales sociétés immobilières de centres de villégiature et hôtels (*lodging/resorts REIT*) sont :

Nom	Place de cotation	Capi. boursière en Md€
Host Hotels & Resorts	États-Unis	12
Hospitality Properties Trust	États-Unis	3
RLJ Lodging Trust	États-Unis	3
LaSalle Hotel Properties	États-Unis	3
Sunstone Hotel Investors	États-Unis	2

Le français Accor, bien que 1er groupe hôtelier européen, n'est pas dans cette liste, car il n'exerce pas sous le statut REIT.

« The Ritz-Carlton » à Naples, un hôtel appartenant à Host Hotels & Resorts (source : www.hosthotels.com)

Comme pour les immeubles de santé, la société immobilière est seulement propriétaire des murs et l'exploitation est assurée par les sociétés-locataires, comme Marriott International ou InterContinental Hotels Group.

Quoique les termes exacts des baux varient, la foncière est rémunérée essentiellement sur un pourcentage du chiffre d'affaires de l'hôtel.

Sur les vingt dernières années, les foncières de centres de villégiature et hôtels sous-performent nettement les autres foncières, en plus d'être fortement sensibles à l'économie et donc avec des résultats opérationnels fluctuants et un cours de bourse volatil.

Box de stockage

Les sociétés immobilières de box de stockage (*selft-storage REIT*) sont :

Nom	Place de cotation	Capi. boursière en Md€
Public Storage	États-Unis	21
Extra Space Storage	États-Unis	5
CubeSmart	États-Unis	2
Sovran Self Storage	États-Unis	2
Big Yellow Group	Royaume-Uni	1

Parmi les foncières cotées, ce secteur est complètement dominé par l'américain Public Storage, présent également en Europe avec sa filiale Shurgard Self-Storage, dont la capitalisation boursière est quatre fois plus importante que son plus proche concurrent.

Une installation de box de stockage, appartenant à Public Storage
(source : http://en.wikipedia.org/wiki/Public_Storage)

Pour autant, l'immobilier de box de stockage reste fragmenté, avec une estimation à 48 500 installations aux États-Unis, détenues à moins de 10% par les foncières cotées.

Bien que les locataires payent au mois, c'est un secteur relativement acyclique, puisque même en temps de crise économique, les clients préféreront régler l'abonnement mensuel qu'abandonner leurs affaires.

Forêts

Les quatre sociétés immobilières de forêts (*timber REIT*) sont :

Nom	Place de cotation	Capi. boursière en Md€
Weyerhaeuser	États-Unis	14
Plum Creek Timber	États-Unis	6
Rayonier	États-Unis	4
Potlatch	États-Unis	1

Depuis dix ans, leur performance boursière n'est pas déméritante, spécialement pour Rayonier et Plum Creek Timber :

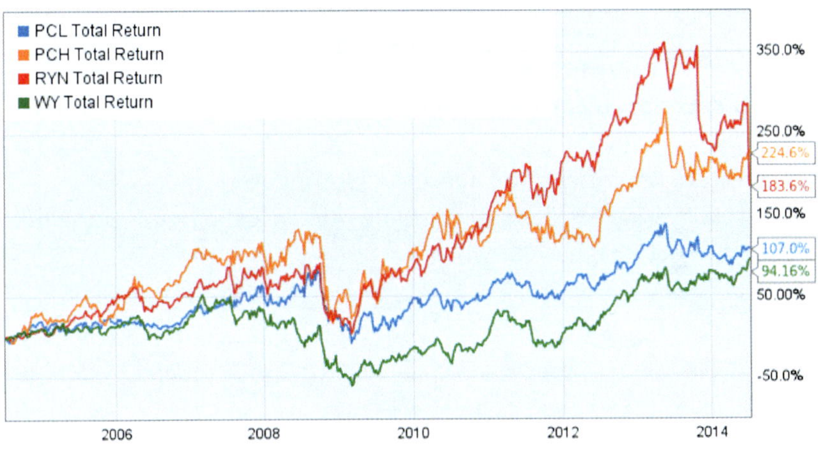

Performance de Plum Creek Timber, Potlach, Rayonier et Weyerhaeuser (source : http://ycharts.com)

Mais leurs activités ne se limitent pas à la location de terrains forestiers, et elles sont plus proches de sociétés « classiques » que de sociétés immobilières. Par conséquent, elles sortent du cadre de cet ouvrage.

Infrastructures

Les quatre sociétés immobilières d'infrastructure (*infrastructure REIT*) sont :

Nom	Place de cotation	Capi. boursière en Md€
American Tower	États-Unis	26
Crown Castle International	États-Unis	18
CorEnergy Infrastructure Trust	États-Unis	< 1
Power REIT	États-Unis	< 1

CorEnergy Infrastructure Trust et Power REIT ne sont citées que parce qu'elles exercent sous le statut de REIT.

Si vous vous intéressez aux actions « classiques », vous trouverez de nombreuses sociétés bien plus solides dont les activités sont liées aux infrastructures, par exemple :

Nom	Place de cotation	Capi. boursière en Md€
Atlantia	Italie	17
Abertis Infraestructuras	Espagne	15
Ferrovial	Espagne	12
Aéroport de Paris	France	9

Par contre, les 44 milliards d'euros de capitalisation boursière cumulés d'American Tower et Crown Castle International ne sont pas anecdotiques, spécialement pour des entreprises fondées il y a moins de vingt ans.

Les deux sociétés, converties au statut REIT respectivement en 2011 et 2014, possèdent des tours de relais, qu'elles vont louer à des opérateurs de téléphonie mobile ou télévision par satellite, pour qu'ils y placent des équipements et antennes de réception/transmission de signal.

Une tour de relais appartenant à American Tower (source : www.americantower.com)

Les locations peuvent être particulièrement rentables, puisqu'une tour de relais peut être louée à jusqu'à trois locataires et nécessite peu de maintenance.

D'autre part, le secteur est particulièrement porteur, tandis que les opérateurs télécom ne cessent d'investir dans la mobilité – 2G, 3G, 3G+, 4G, bientôt 5G, – dont la technologie nécessite toujours plus de cellules et donc d'antenne-relais.

Durée et type de bail

Plusieurs fois dans la présentation des différents types d'immobilier, nous avons mentionné le caractère plus ou moins « défensif » de celui-ci, lui-même fonction d'une sensibilité présumée plus ou moins forte à l'économie.

Une donnée objective pour mettre en exergue cette sensibilité est la durée du bail, dont voici un récapitulatif pour les États-Unis :

Type	Durée moyenne du bail
Centres de villégiature et hôtels	Journée
Box de stockage	Mois
Résidentiel	1 an
Petits et grands centres commerciaux	3 à 5 ans
Logistique et industriel	6 ans
Bureaux en périphérie	5 à 7 ans
Centres commerciaux régionaux	7 à 10 ans
Enseignes locomotives dans un centre commercial	+ de 10 ans
Bureaux dans le Quartier Central des Affaires	10 à 12 ans
Santé (baux triple net)	10 à 20 ans
Murs de boutique (baux triple net)	15 à 20 ans

Ce tableau[40] est indicatif, puisque la durée et la forme des baux peuvent varier selon les pays.

Généralement, arrêter prématurément un bail immobilier commercial donne lieu à des indemnités compensatrices correspondant à la perte des loyers et par conséquent, les sociétés-locataires sont peu enclines à partir avant terme.

De sorte que plus les baux sont longs, plus la foncière a de la visibilité sur ses futurs loyers et, *a priori*, moins elle sera affectée par une crise économique.

La durée du bail ne fait pas tout : si un immeuble est bien situé, avec une demande locative forte, un turnover locatif important n'est pas gênant, dès lors que le bien est reloué quasi immédiatement.

Nous noterons que les baux les plus longs sont systématiquement triple net, terme signifiant qu'en plus du loyer, le locataire prend à sa charge l'assurance de l'immeuble, la taxe foncière, et les frais d'entretien et réparation.

Un bail triple net donne une visibilité supplémentaire au propriétaire, puisque n'ayant plus aucune charge à payer, son rendement locatif brut est strictement égal au rendement locatif net durant toute la durée du bail, quels que soient les aléas.

L'incertitude repose alors sur la solidité financière du locataire et c'est pourquoi les foncières cotées de murs de boutique ou d'immeubles de santé ont une équipe dédiée à l'analyse de la solvabilité de leurs occupants.

---

[40] Source : Bank of America Merrill Lynch

Résumé

Les foncières cotées investissent dans des types d'immeubles variés dans des localisations variées.

Une foncière peut être spécialisée ou diversifiée, elle sera pour cela classée soit selon son type d'immobilier dominant, soit dans la catégorie « diversifié ».

Les foncières peuvent verser leur dividende avec une fréquence annuelle, semestrielle, trimestrielle et parfois mensuelle, aux États-Unis et au Canada.

L'immobilier de bureau, de commerces et centres commerciaux ou encore logistique et industriel, est bien représenté parmi les foncières européennes, mais c'est aux États-Unis que nous trouverons les foncières détenant les types d'immeubles les plus variés.

Si l'emplacement reste le critère prépondérant, d'une manière plus générale, les secteurs les plus acycliques sont ceux qui ont les baux les plus longs, c'est-à-dire l'immobilier de santé, immeubles-laboratoires compris, et les murs de magasin.

Chapitre

5

Sociétés de prêts hypothécaires

Des foncières qui ne sont plus vraiment des foncières…

Il existe d'autres foncières cotées, exclusivement présentes aux États-Unis, qui ne détiennent pas un patrimoine immobilier, mais des titres de créances adossés à des biens immobiliers.

Elles sont appelées foncières de prêts hypothécaires (*mortgage REIT*), pour les distinguer des foncières « classiques » (*equity REIT*) évoquées jusqu'ici.

En réalité, elles n'ont pas grand-chose en commun avec leurs consœurs, et leur modèle d'affaires se rapproche de celui d'une banque.

Ainsi, tandis qu'une foncière cotée « classique » va percevoir des loyers liés à son portefeuille de biens immobiliers, une foncière cotée de prêts hypothécaires va percevoir des coupons liés à son portefeuille d'obligations immobilières.

Concrètement, une société de prêts hypothécaires utilise ses fonds propres pour emprunter à court terme à un taux x et investir dans des titres de créance à long terme qui rapportent $x + y$.

Par exemple, la foncière de prêts hypothécaires CYS emprunte actuellement à 0,96% pour acheter des obligations adossées à des prêts immobiliers résidentiels qui rapportent 2,85%.

Son profit est donc l'écart (*spread*) entre 0,96 et 2,85%, soit 1,89%. Celui-ci est magnifié par l'effet de levier de l'endettement, actuellement de 7,32 fois. Le rendement sur fonds propres de CYS est donc de 13,8%.[41]

Comme CYS cote en bourse légèrement sous ses fonds propres et qu'elle reverse la quasi-totalité de ses profits sous forme de dividendes, le rendement sur dividende est de 13,90% ; bien supérieur au rendement des foncières classiques, plutôt autour de 4 à 6%.

Le piège est que l'effet de levier marche dans les deux sens et qu'une baisse de seulement 2% de la valeur des obligations détenues en portefeuille se traduit par une diminution brutale de 14,6%[42] des capitaux propres de CYS.

---

[41] $7{,}32 \times 1{,}89 = 13{,}8$

[42] $7{,}32 \times 2 = 14{,}6$

Toutes les foncières de prêts hypothécaires fonctionnent sur ce modèle, ce sont essentiellement les types de créances détenues en portefeuille et l'ampleur de l'effet de levier qui vont varier.

Pour être exhaustifs, nous continuons cette brève présentation, mais *stricto sensu*, ces sociétés sortent du cadre de cet ouvrage.

Foncière de prêts hypothécaires résidentiels

Les principales foncières de prêts hypothécaires résidentiels (*residential mortgage REIT*) sont :

Nom	Place de cotation	Capi. boursière en Md€
Annaly Capital Management	États-Unis	8
American Capital Agency	États-Unis	6
Two Harbors Investment	États-Unis	3
Chimera Investment	États-Unis	2
MFA Financial	États-Unis	2

Elles investissent dans des obligations adossées à des prêts immobiliers résidentiels (*residential mortgage-backed security*).

Ces obligations, nommées alors *agency residential mortgage-backed security*, peuvent être garanties par les agences américaines Freddy Mac, Fannie Mae et Ginnie Mae et avoir la garantie implicite ou explicite de l'État américain.

Puisqu'elles ne portent plus de risque de non-remboursement, elles ont alors un rendement proche de celui des bons du trésor américain (*Treasury Bond*).

Le rendement reste supérieur, car ces obligations portent un risque supplémentaire lié à la nature des prêts résidentiels les constituant : un prêt immobilier peut être remboursé par anticipation.

Par conséquent, une obligation adossée à des prêts immobiliers résidentiels émise à 30 ans aura en réalité une durée de vie variable tout au long de son existence et plutôt autour de 10 ans.

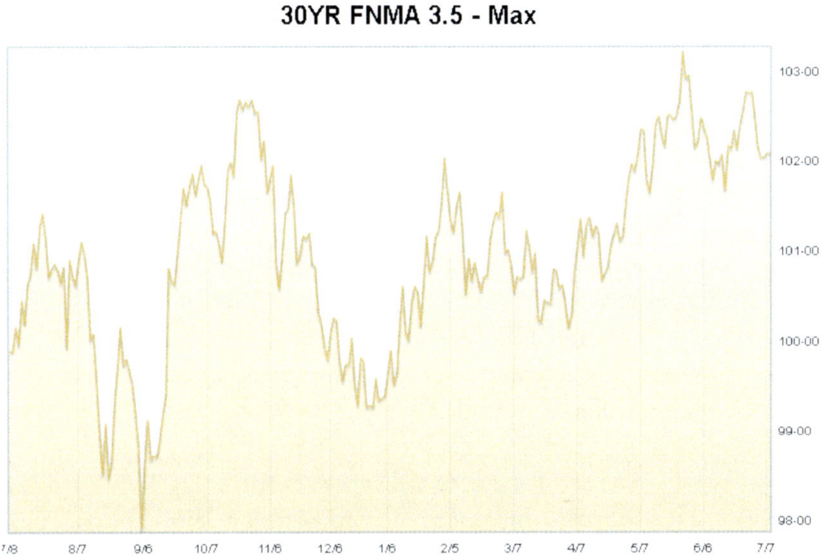

Évolution du cours d'une obligation émise par Fannie Mae, à 30 ans, avec un coupon de 3,5%

Les obligations résidentielles non garanties par les agences américaines, nommées alors *non-agency residential mortgage-backed security*, ont des rendements plus élevés, mais avec cette fois un risque de non-remboursement.

Foncière de prêts hypothécaires commerciaux

Les principales foncières de prêts hypothécaires commerciaux (*commercial mortgage REIT*) sont :

Nom	Place de cotation	Capi. boursière en Md€
NorthStar Realty Finance	États-Unis	5
Starwood Property Trust	États-Unis	4
Colony Financial	États-Unis	2
Newcastle Investment	États-Unis	1
Blackstone Mortgage Trust	États-Unis	1

Elles investissent dans des obligations adossées à des prêts immobiliers commerciaux (*commercial mortgage-backed security*) ou prêtent même directement à des entreprises en prenant en hypothèque leur bien immobilier.

Notons que certaines foncières de santé, comme HCP, Ventas ou Omega Healthcare Investors, complètent leur portefeuille immobilier avec des prêts hypothécaires commerciaux.

Risques des sociétés de prêts hypothécaires

Le modèle d'affaires est celui d'une banque et non plus celui d'un gestionnaire-propriétaire d'immeubles.

Par conséquent, comme les banques, les foncières de prêts hypothécaires sont sensibles aux variations des taux d'intérêt et au risque de défaut des emprunteurs – sauf pour les obligations garanties par les agences américaines.

Partie 2 :

Comment investir dans les foncières cotées ?

Chapitre 1

Ouvrir un compte-titres

Puisque ces foncières cotent sur les marchés boursiers, il faudra suivre les mêmes règles pour investir dans celles-ci que pour investir dans des actions « classiques ».

Ainsi, vous devez disposer d'un compte-titres, où viendront ensuite « loger » vos foncières cotées.

Un compte-titres peut être ouvert :

- dans une banque « traditionnelle » : BNP Paribas, Société Générale, Crédit Agricole…
- dans une banque en ligne : Boursorama Banque, Fortuneo…
- auprès d'un courtier spécialisé : Binck, Bourse Direct, Saxo Banque…

Ma recommandation va aux banques en ligne ou courtiers spécialisés, car leurs frais de courtage sont nettement moindres.

Plus précisément, comme le Canada propose des sociétés immobilières particulièrement intéressantes, avec leurs dividendes mensuels, il est souhaitable d'avoir un courtier proposant le passage d'ordre à la bourse de Toronto : c'est notamment le cas de Binck, par ailleurs compétitif en termes de coûts.

Pour les places de marché plus « exotiques[43] », comme Singapour ou Hong Kong, nous pourrons nous tourner vers le courtier Saxo Banque, mais il a d'autres inconvénients, comme un traitement pénalisant de la fiscalité des dividendes étrangers et une interface difficile d'accès.

Binck étant une des meilleures offres en terme de simplicité/places de marché disponibles/coût[44], il sera utilisé en exemple dans cette section.[45]

Pour ouvrir un compte-titres chez Binck, allez sur le site www.binck.fr et cliquez sur « J'ouvre un compte en ligne » :

---

[43] Pour un résident français. Pour un Singapourien ou un Hongkongais, c'est la bourse de Paris qui sera inhabituelle !

[44] En 2014 en tout cas.

[45] Notez bien que je ne force personne à aller chez Binck et ne suis pas commissionné pour que vous y alliez. Mais la question du choix du courtier m'est régulièrement posée, donc j'y réponds simplement : mes titres sont « logés » chez Binck et Saxo Banque, ce qui ne signifie pas nécessairement que ce sont les meilleurs.

Page d'accueil du site du courtier Binck

Éventuellement, si une offre promotionnelle est disponible, comme c'est le cas sur cette capture d'écran, cliquez plutôt sur « J'en profite maintenant ».

N'hésitez pas également à vous faire parrainer par un tiers pour bénéficier de frais de courtage gratuits.

Suivez la procédure et en quelques clics, vous aurez ouvert votre compte titres.

Résumé

Pour investir dans des foncières cotées, vous aurez besoin d'un compte-titres.

L'ouverture d'un compte-titres est rapide, simple et gratuite.

Les banques en ligne ou courtiers spécialisés ont souvent des tarifs plus compétitifs que les banques « traditionnelles » et également un accès à un nombre plus important de places de marché boursier.

Les sociétés immobilières cotées à dividendes mensuels se trouvent essentiellement à la bourse de Toronto, donc il est important que votre courtier vous permette d'y placer des ordres à des tarifs raisonnables.

Chapitre

2

Ouvrir un PEA

Le Plan d'Épargne en Actions est une forme de compte-titres[46] spécifique à la France, avec des avantages fiscaux et des restrictions d'utilisation.

Il a été créé en 1992 dans le but d'encourager les particuliers à investir à long terme dans les sociétés européennes.

Avantages du PEA

Le PEA a un avantage fiscal considérable sur le compte-titres : si vous le conservez plus de cinq ans, vous n'êtes pas imposés sur les plus-values ou dividendes perçus sur la période. Vous restez par contre soumis aux prélèvements sociaux.

[46] D'ailleurs, pour marquer la différenciation sémantique avec Plan d'Épargne en Actions (PEA), le terme de Compte-Titre Ordinaire (CTO) est parfois employé.

Notons que la création ou la reprise d'une entreprise, dont vous ou un membre de votre famille proche serait dirigeant, permet de déroger à la règle des cinq ans : la clôture anticipée n'est alors pas pénalisante.

Inconvénients du PEA

Seules les actions (ou fonds de placement) éligibles peuvent y être logées[47] : il s'agit de sociétés dont le siège social est dans l'Union Européenne.

Par conséquent, **vous ne pouvez pas utiliser un PEA pour investir dans des actions canadiennes ou américaines**.

En plus de la contrainte précédente, depuis 2012, les sociétés immobilières relevant du régime REIT ne sont plus éligibles. Le législateur a considéré que puisqu'elles bénéficiaient déjà d'un avantage fiscal au titre de l'exonération de l'impôt sur les sociétés, il n'était pas juste qu'il se cumule avec les avantages fiscaux du PEA.

Malheureusement, les sociétés immobilières exerçant sous le statut REIT sont justement les actions qui nous intéressent, donc cette contrainte est bloquante en ce qui nous concerne.

D'autre part, si vous[48] investissez dans une société non française, les dividendes versés par celle-ci sont amputés d'un impôt à la source. En vertu de conventions fiscales relatives à la double imposition,

---

[47] Également des titres de sociétés non cotées, mais ce n'est pas l'objet de cet ouvrage.

[48] Je suppose le lecteur résident français.

vous récupérez plus tard la totalité[49] de celui-ci sous forme d'une réduction d'impôt à la condition que les actions ne soient pas détenues dans un PEA, mais dans un compte-titres.

Le PEA pénalise donc les dividendes d'actions non françaises et, justement, les foncières cotées versent des dividendes importants.

Les rares sociétés immobilières européennes ne relevant pas du régime REIT sont allemandes, comme LEG Immobilien, GSW Immobilien, Deutsche Wohnen... Mais l'impôt à la source sur les dividendes allemands, d'un montant de 26,5%, est rédhibitoire.

Les foncières suisses n'exercent pas sous le statut REIT, mais la Suisse ne faisant pas partie de l'Union Européenne, elles sont *ipso facto* exclues du PEA.

En outre, à moins de huit ans d'ancienneté, vous ne pouvez retirer de l'argent de votre PEA sans le clôturer en totalité.[50]

Enfin, le montant des versements est plafonné à 150 000 €.

Le PEA-PME

Le Plan d'Épargne en Actions PME a été créé en 2014 pour favoriser l'investissement dans les actions de petites et moyennes[51] entreprises européennes.

---

[49] Sauf pour la Suisse et l'Allemagne, où la récupération n'est que partielle.

[50] Pour un détail complet des règles fiscales en fonction de l'ancienneté du PEA : http://vosdroits.service-public.fr/particuliers/F2385.xhtml

Il est le jumeau du PEA, mais restreint encore l'univers d'investissement aux sociétés [de l'Union Européenne] de moins de 5000 salariés, ne réalisant pas plus de 1,5 milliard d'euros de chiffres d'affaires et avec un bilan n'excédant pas 2 milliards d'euros.

Le plafond de versement est de 75 000 € contre 150 000 € pour un PEA. Par contre, un investisseur peut posséder à la fois un PEA et un PEA-PME.

Les sociétés immobilières cotées relevant du régime REIT ne sont pas plus éligibles au PEA-PME qu'au PEA, et donc le PEA-PME ne présente pas plus d'intérêt en ce qui nous concerne.

Résumé

Dans le cas des foncières cotées, le PEA a hélas peu d'intérêt.

---

[51] Petites et moyennes entreprises à l'échelle des marchés boursiers. Habituellement, le terme « TPE » est utilisé en deçà de vingt salariés et « PME » en deçà de 250 salariés.

Chapitre

3

Passer un ordre de bourse

Une fois que vous disposez d'un compte-titres, vous allez pouvoir passer les ordres d'achat vous permettant d'acquérir les titres des sociétés immobilières sur lesquelles vous souhaitez investir.

Pour passer un ordre de bourse, il faut connaître au préalable :

- l'identifiant de la société et sa place de marché principale de cotation,
- le nombre de titres que vous souhaitez acquérir et à quel prix.

Selon que votre cible est une société française cotant en € sur Euronext Paris, une société italienne cotant en € sur la Borsa Italiana ou une société canadienne cotant en dollars canadiens à la Bourse de Toronto, l'opération varie légèrement, mais reste simple, et qui plus est, comme j'aime à le rappeler, sans bouger de votre fauteuil !

Dans les exemples qui suivent, c'est le courtier Binck qui est mis en avant pour des raisons pratiques, mais la démarche est la même quel que soit le broker.

Exemple n°1 : investir 10 000 € dans Mercialys

Mercialys est une société immobilière française de centres commerciaux cotant en € sur Euronext Paris.

Connectez-vous à Binck et saisissez « Mercialys » dans la zone de recherche en haut à droite :

Binck reconnaît la société et déroule une liste avec Mercialys en entrée :

Cliquez dessus pour ouvrir la fiche de Mercialys et visualiser son cours de bourse, de 16,290 € :

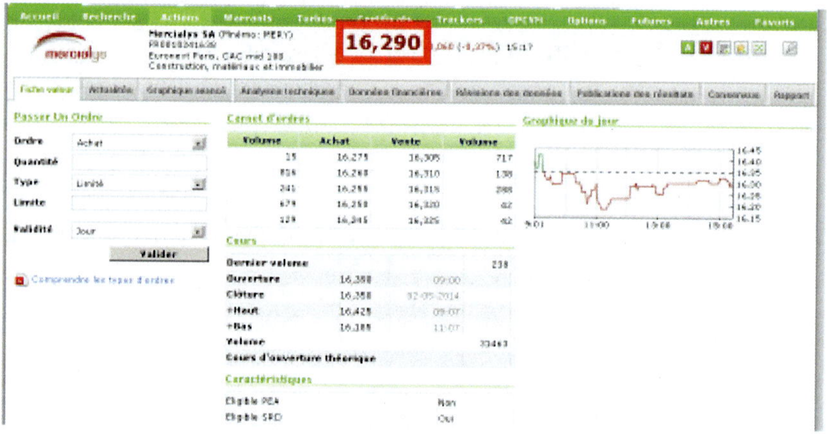

Le cours de bourse correspond au prix de la dernière transaction entre un acheteur et un vendeur.

Il ne présage pas que vous pourrez céder ou acquérir des titres à ce prix et il faut plutôt consulter le carnet d'ordres :

Carnet d'ordres

Volume	Achat	Vente	Volume
15	16,275	16,305	717
816	16,260	16,310	138
241	16,255	16,315	288
679	16,250	16,320	42
129	16,245	16,325	42

Carnet d'ordre de Mercialys le 5 mai 2014 à 15h30

Nous y voyons que 717 titres sont proposés à la cession au prix de 16,305 €.

Cela signifie que si nous passons un ordre d'achat de 717 titres à un cours limité de 16,305 €, comme ceci :

...la transaction sera immédiate, nous acquerrons 717 titres pour 11 690,69 €[52] + les frais de courtage + la taxe sur les transactions financières de 0,2%[53].

---

[52] 717 actions × 16,305 € = 11 690,685 €

[53] 11 690,685 € × 0,2% = 23,38 €

Si nous désirions 855 titres, le passage de l'ordre suivant :

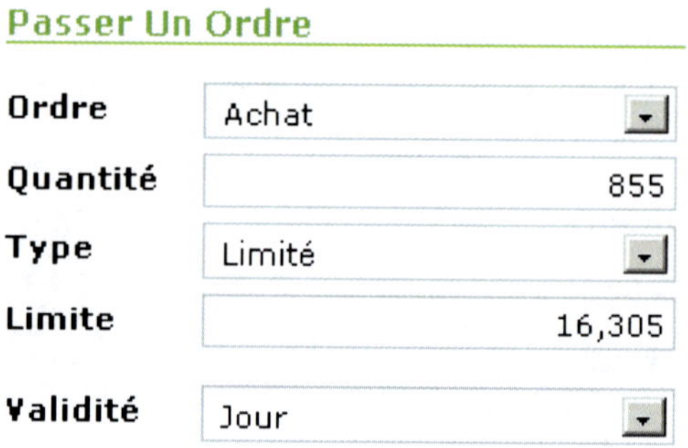

…nous donnera 717 titres également, car seuls 717 titres sont disponibles à la vente au prix limite de 16,305 €.

L'ordre d'achat sera exécuté partiellement et en attente de 138 titres à la vente à un prix inférieur ou égal à 16,305 €.

Cela peut arriver dans les heures qui suivent, ou pas !

Un « bon » courtier ne vous fera pas payer de frais de courtage supplémentaires en cas de fractionnement de l'ordre.[54] Mais de nombreuses banques « traditionnelles » factureront le fractionnement comme autant d'ordres distincts.

[54] Typiquement, si l'ordre est exécuté en totalité sur une seule journée, quel que soit le nombre de fractionnements, Binck ne facturera qu'un ordre.

Regardons à nouveau le carnet d'ordres :

Carnet d'ordres

Volume	Achat	Vente	Volume
15	16,275	16,305	717
816	16,260	16,310	138
241	16,255	16,315	288
679	16,250	16,320	42
129	16,245	16,325	42

Nous pouvions acquérir sans délai et avec certitude nos 855 titres avec cet ordre, où notre prix d'achat est relevé à 16,310 € :

Ordre	Achat
Quantité	855
Type	Limité
Limite	16,310
Validité	Jour

Auquel cas la transaction sera immédiate, nous acquerrons, 855 titres pour 13 941,47 €[55] + les frais de courtage + la taxe sur les transactions financières de 0,2%.

Dans notre exemple, nous souhaitons investir 10 000 € dans Mercialys. En considérant que nous sommes acquéreurs à 16,305 € l'unité, nous pouvons acheter 613 titres[56].

55 717 actions × 16,305 € + 138 actions × 16,310 € = 13 941,47 €

Il faut toutefois tenir compte des frais et probablement que si vous essayez de passer cet ordre :

Binck signalera une erreur :

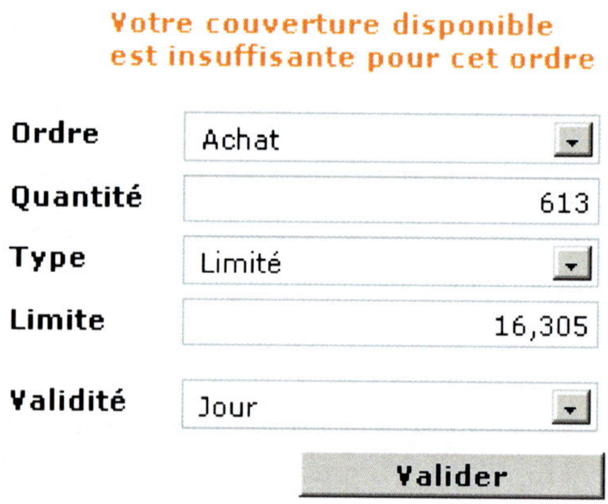

Il faudra alors réduire la quantité demandée, par exemple à 610, pour que l'ordre soit accepté pour confirmation.

Une fois confirmé, l'ordre est transmis et instantanément exécuté.

---

[56] 10 000 € ÷ 16,305 € = 613 actions

Exemple n°2 : investir 10 000 € dans Deutsche Euroshop

Deutsche Euroshop est une société immobilière allemande de centres commerciaux cotant sur la Deutsche Börse Xetra.

Connectez-vous à Binck et saisissez « Deutsche Euroshop » dans la zone de recherche en haut à droite :

Binck reconnaît la société et déroule une liste avec Deutsche Euroshop en entrée :

Cliquez dessus pour ouvrir la fiche de Deutsche Euroshop et visualiser son cours de bourse de 34,87 € :

Vous constatez que cette fois-ci, *a contrario* de Mercialys, nous ne disposons pas du carnet d'ordres.

Pour disposer d'une marge et être quasiment certains d'une exécution complète, nous allons considérer un prix d'achat limité à 35 €, soit 285 titres[57].

Cependant, cette fois encore, il faut tenir compte des frais de courtage, d'ailleurs souvent plus élevés sur les places de marché étrangères.

Aussi pour que l'ordre soit accepté nous réduisons la quantité à 280 titres, comme ceci :

Ordre	Achat
Quantité	280
Type	Limité
Limite	35
Validité	Jour

Retenez que ces 35 € sont une limite qui nous garantit une dépense maximale de 9 800 €[58] + frais de courtage pour acquérir nos 280 titres. Si des titres Deutsche Euroshop sont à la vente pour 34,90 €, nous payerons « seulement » 9 772 €[59] + frais de courtage.

---

[57] 10 000 € ÷ 35 € = 285 actions

[58] 280 actions × 35 € = 9 800 €

[59] 280 actions × 34,90 € = 9 772 €

Exemple n°3 : investir 10 000 € dans Cominar

Cominar est une société immobilière canadienne de centres commerciaux cotant sur le Toronto Stock Exchange.

Connectez-vous à Binck et saisissez « Cominar » dans la zone de recherche en haut à droite :

Binck reconnaît la société et déroule une liste avec Cominar en entrée :

Cliquez dessus pour ouvrir la fiche de Cominar et visualiser son cours de bourse de 19,15 :

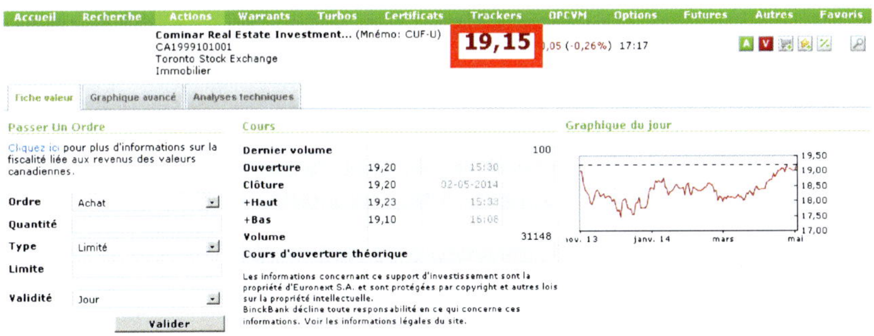

Binck ne le précise pas, mais il ne s'agit plus cette fois-ci d'euros, mais de dollars canadiens.

Comme pour Deutsche Euroshop, nous ne disposons pas du carnet d'ordres.

Pour avoir de la marge et être quasiment certains d'une exécution complète, nous allons considérer un prix d'achat limité à $19,4 canadiens.

Pour connaître l'équivalent en euros, le plus simple est d'utiliser Google, avec la requête « 19,4 CAD TO EUR »[60] :

[60] Le CAD correspond au symbole ISO du dollar canadien. Si nous cherchions à convertir des dollars américains ou livres sterling en euros, nous aurions utilisé respectivement « USD TO EUR » et « GBP TO EUR » .

D'autres symboles de devises usuelles : Australie (AUD), Japon (JPY), Singapour (SGD), Hong Kong (HKD), Suisse (CHF).

Nos 10 000 € nous permettent donc d'acheter 785 titres[61]. Cette fois encore, créons de la marge pour les frais de courtage + la commission de change, et demandons seulement 780 titres :

Retenez qu'à nouveau, ces $19,4 sont une limite qui nous garantit une dépense maximale de $15 132[62] + frais de courtage + commission de change pour acquérir nos 780 titres. Si des titres Cominar sont à la vente pour $19,20, nous payerons « seulement » $14 976 + frais de courtage + commission de change.

Autres types d'ordre de bourse

Nos trois exemples utilisent **des ordres dits à cours limité, qui donnent un contrôle maximum sur la dépense engagée, quelles que soient la liquidité et la place de cotation de la société dont vous vous portez acquéreur**.

Il existe également d'autres types d'ordres, dont l'ordre à la meilleure limite et l'ordre au marché.

[61] 10 000 € ÷ 12,73 € = 785 actions

[62] 785 actions × $19,4 = $15 132

Dans les deux cas, vous ne spécifiez plus de prix, mais seulement la quantité de titres que vous souhaitez acquérir.

L'ordre à la meilleure limite est transformé en ordre à cours limité en utilisant le plus faible prix à la vente.

L'ordre au marché est exécuté en totalité en utilisant au besoin toutes les offres à la vente, du plus faible prix au plus élevé, sans considération du cours et garantit l'exécution complète sans fractionnement.[63]

En France, les plus grosses sociétés immobilières cotées ont une profondeur de marché élevée par rapport aux montants investis par un particulier, et les trois types d'ordres sont *in fine* équivalents dans leur exécution.

Mais **une bonne pratique est de n'utiliser que des ordres à cours limité**.

Certaines places boursières[64] ne permettent pas de placer des ordres au marché. Si le courtier offre ce service, il transforme l'ordre au marché en ordre limité selon des conditions qui lui sont propres.

---

[63] Sauf peut-être dans le cas d'une société si illiquide que la totalité des titres à la vente soit inférieure au nombre de titres que vous souhaitez acquérir.

[64] Notamment : l'American Stock Exchange, l'Australian Stock Exchange, l'Athens Stock Exchange, l'Olso Stock Exchange, l'OMX Copenhagen, l'OMX Helsinki, l'OMX Stockholm et le Singarope Exchange. Source : Saxo Banque.

Céder des titres

A priori, vous aurez plus souvent à passer des ordres d'achat que des ordres de vente.

Pourquoi ?

Parce que notre motivation première en investissant dans des sociétés immobilières cotées n'est pas la plus-value, mais l'encaissement de dividendes réguliers en y consacrant le moins d'énergie possible.

Par conséquent passer du temps, souvent vainement d'ailleurs, à suivre et essayer de tirer profit des fluctuations à court terme des marchés boursiers ne nous intéresse pas.

Nous aurons plutôt tendance à garder nos titres *ad vitam æternam*, en réinvestissant éventuellement les dividendes dont nous n'avons pas un besoin immédiat dans de nouveaux titres.

Admettons toutefois que nous souhaitions vendre nos 610 titres Mercialys, soit que nous ayons un besoin imprévu de trésorerie, soit que la surcote[65] de Mercialys soit si importante qu'elle correspondrait à plusieurs années de dividendes.

---

[65] Nous préciserons au chapitre « 4.4 – Actif Net Réévalué » la signification exacte des termes « décote » et « surcote ».

Regardons à nouveau le carnet d'ordres :

Carnet d'ordres

Volume	Achat	Vente	Volume
15	16,275	16,305	717
816	16,260	16,310	138
241	16,255	16,315	288
679	16,250	16,320	42
129	16,245	16,325	42

Cet ordre de vente nous assurerait d'une exécution immédiate :

Ordre	Vente
Quantité	610
Type	Limité
Limite	16,260
Validité	Jour

Les titres seront cédés instantanément et nous récupérons alors 9 918,60 €[66] - les frais de courtage.

[66] 610 actions × 16,260 € = 9 918,60 €

Si nous sommes prêts à patienter quelques jours, nous pouvons mettre un prix plus élevé, 16,5 € par exemple, et une validité plus éloignée :

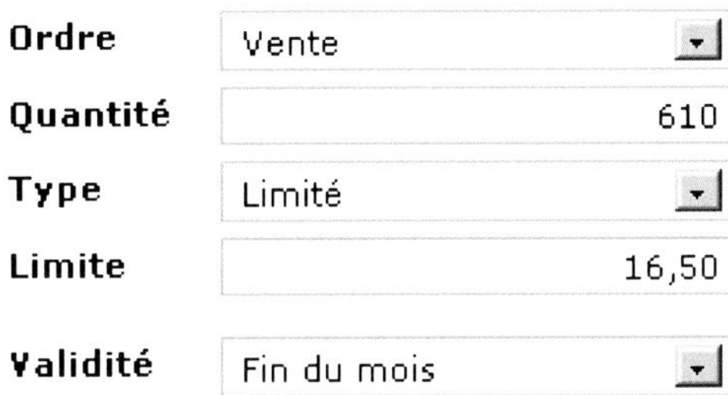

Si la vente a lieu, mais cette fois rien ne le garantit, elle permettra de récupérer 10 065 €[67].

Si vous êtes coincé par une échéance, le risque est que le mois suivant vous soyez obligé de vendre à un cours inférieur au 16,260 € que vous aviez le mois précédent.

Résumé

Acheter ou vendre des actions est facile.

Les ordres à cours limité sont sans surprise et à privilégier, spécialement sur les actions les moins liquides.

Sur les places de marché hors zone euro, le cours n'est pas toujours communiqué en euros et vous devrez faire un calcul de parité de change.

---

[67] 610 × 16,5 € = 10 065 €

Chapitre 4

Frais et taxes financières

Frais de transaction

Votre courtier n'est pas philanthrope et se rémunère en prélevant des frais à chaque ordre d'achat ou de vente exécutés.

C'est d'ailleurs pour cette raison que le trading est souvent mis en avant par les brokers : un particulier qui multiplie les ordres de bourse est beaucoup plus rentable qu'un investisseur à long terme se contentant d'encaisser ses dividendes.

Les tarifications diffèrent selon les courtiers et dépendent généralement du montant de la transaction et de la place de marché.

Binck propose par exemple la tarification suivante sur les bourses parisiennes, hollandaises, belges et portugaises :

NYSE EURONEXT	EN FONCTION DU MONTANT DE L'ORDRE	TARIF CLASSIQUE [3]	TARIF 30 ORDRES PAR MOIS [4]
Paris Amsterdam Bruxelles Lisbonne	Inférieur à 1000€	2,50€	9€ par ordre
	Entre 1000€ et 5000€	5€	
	Entre 5000€ et 7500€	7,50€	
	Entre 7500€ et 10000€	10€	
	Supérieur à 10000€	0,10%	0,09% par ordre

Tarification de Binck en 2014 (source : www.binck.fr)

Et sur les bourses allemandes, espagnoles, irlandaises, autrichiennes, britanniques, américaines et canadiennes :

BOURSES ÉTRANGÈRES	TARIFS/ORDRE
Francfort (XETRA), Madrid, Milan, Dublin, Vienne, Londres	15€ + 0,15%
NYSE, Nasdaq et Amex	5€ + 0,10%
Toronto	10€ + 0,15%

Tarification de Binck en 2014 (source : www.binck.fr)

À sa lecture, nous constatons que plus les montants engagés sont élevés, moins les frais rapportés au montant le sont, soit parce que la tarification est dégressive dans le cas du NYSE Euronext, soit parce qu'il y a un *minima* de frais dans le cas des bourses étrangères.

Par conséquent, **pour minimiser les frais, vous aurez intérêt à ne pas abuser d'ordres de bourse trop petits**.

À titre de comparaison, voici la tarification d'une banque « traditionnelle » :

Placements financiers

Frais sur ordres de bourse

La facturation des ordres de bourse dépend de la Place sur laquelle les titres sont négociés, du montant de votre ordre et du canal de transmission (Internet ou téléphone).

- **Ordres de bourse Euronext**

	Téléphone	Internet
%	1,4%	0,6%
Mini	14,90 €	8,90 €

- **Ordres de bourse hors Euronext**

	Téléphone	Internet
%	1,4%	0,6%
Mini	59,90 €	46,90 €

Tarification d'une banque « traditionnelle » en 2014

Un ordre d'achat de 10 000 € sur Mercialys vous coûtera 10 € chez Binck et 60 € dans la banque en question, pour le même service.

Taxe sur les transactions financières

Depuis 2012, les achats d'actions de sociétés françaises dont la capitalisation boursière excède 1 milliard d'euros[68] sont soumis à une taxe de 0,2%.

Si vous reprenez la tarification de Binck, vous constaterez que cette taxe représente le double des frais de courtage.

[68] Au 1er janvier de l'année considérée

Les ordres sur les sociétés étrangères, y compris sociétés immobilières cotées étrangères, ne sont pas impactés par cette taxe.

Commission de change

Si vous achetez des sociétés immobilières cotant hors de la zone euro, et nous verrons au chapitre « 2.7 – Exemples de portefeuille » qu'au titre d'une diversification réussie il est recommandé de le faire, vous aurez des frais liés au change.

Ils peuvent être apparents, comme dans le cas de Binck, où ils sont de 0,10%.

D'autres fois, le courtier se rémunère en utilisant un taux de change légèrement supérieur au taux de change du marché, exactement comme le fait un bureau de change.

Droits de timbre

Au Royaume-Uni, un droit de timbre de 0,5% est appliqué sur les transactions en actions.

L'achat, par exemple, de la foncière anglaise diversifiée British Land donnera donc lieu à 0,5% de frais supplémentaires.

C'est également le cas à Hong Kong et l'investissement dans la société immobilière hongkongaise de centres commerciaux et parkings Link REIT donnera lieu à 0,109% de frais supplémentaires[69].

---

[69] Source : Saxo Banque

Droits de garde

Les droits de garde correspondent à des frais facturés annuellement par le courtier ou la banque, au titre de la « tenue » de votre portefeuille d'actions.

La plupart des banques en ligne ou courtiers spécialisés ne facturent plus de droits de garde, éventuellement à la condition de passer au minimum un ordre de bourse au cours des six ou douze derniers mois.[70]

---

[70] Typiquement, Binck facturera 60 € de frais d'inactivité – l'équivalent de droits de garde – annuels si vous n'avez effectué aucun ordre de bourse au cours des douze derniers mois. Mais, à 2,50 € le coût d'un ordre sur le NYSE Euronext, un ordre « bidon » de quelques titres suffit au besoin pour s'en exonérer.

Les banques « traditionnelles » continuent à les facturer et les montants peuvent être considérables :

Droits de garde

Le calcul des droits de garde correspond aux frais fixes de gestion du portefeuille + forfait par ligne de titres détenue + commission proportionnelle sur le montant du portefeuille.
Les OPCVM de la Banque Populaire et les emprunts émis par la Banque Populaire sont exonérés du forfait par ligne et de la commission proportionnelle.

Droits de garde (annuels)	
• **Frais fixes de gestion du portefeuille**	25,00
• **Forfait par ligne** (maxi 7 lignes facturées)	
– Euronext	3,50
– Hors Euronext	20,00
• **Commission proportionnelle**	
– Euronext	0,22 %
– Hors Euronext	0,40 %

Tarification d'une banque « traditionnelle » en 2014

Considérant un portefeuille de sept sociétés immobilières cotées, dont cinq hors Euronext et valorisées chacune 15 000 €, soit 105 000 € au total, le montant des droits de garde s'élève à 498 €[71] !

Externalisation de moins-values

Même pour un investisseur long terme, il est un cas où il peut être intéressant de céder des foncières cotées pour les racheter immédiatement ensuite.

---

[71] 25 + (3,5 × 2) + (20 × 5) + (15 000 × 0,22% × 2) + (15 000 × 0,40% × 5)

Quand vous vendez une action plus chère que vous ne l'avez achetée, vous faites une plus-value, qui est imposable dans la catégorie des « plus-values de cession de valeurs mobilières ».

A contrario, lorsque vous vendez une action moins chère que vous ne l'avez achetée, vous faites une moins-value.

Si perdre de l'argent n'a rien d'agréable en soi, **les moins-values ont l'avantage d'être « utilisables » fiscalement dans les dix années en déduction de vos plus-values**.

Ainsi, début 2013, j'ai acheté pour environ 40 000 € de titres de la foncière américaine de prêts hypothécaires CYS à un prix de revient unitaire d'environ $12 par action.

Mi-2013, CYS cotait $7, soit une moins-value latente de 40%, d'environ 16 000 €.

J'ai alors vendu mes actions CYS, à perte, pour les racheter immédiatement ensuite, une opération appelée « externalisation de moins-value ».

Ce faisant j'ai « créé » une moins-value fiscale de 16 000 € reportable pendant dix ans.

En 2014, j'ai cédé d'autres actions en portefeuille, détenues depuis plusieurs années, cette fois-ci avec des plus-values.

Pour autant, je ne paierai aucun impôt sur celles-ci, car les 16 000 €, et d'autres moins-values que j'avais pris le soin d'externaliser en 2009, viendront les compenser.

Depuis, le cours de bourse de CYS est remonté et compte tenu de mon nouveau Prix de Revient Unitaire à $7, je suis fiscalement en plus-value et serai imposé en cas de cession – ce que je n'envisage pas de faire.

L'externalisation de moins-values ne permet donc pas d'effacer l'imposition, mais de la reporter, ce qui est déjà appréciable.[72]

Elle a toutefois un coût, correspondant aux frais de courtage liés à la vente et au rachat.

Optimiser l'externalisation des moins-values

Depuis 2013, l'imposition des plus-values de valeurs mobilières bénéficie d'un abattement :

Durée de détention	Abattement
< 2 ans	N/A
Entre 2 et 8 ans	50%
> 8 ans	65%

Cet abattement s'applique également étrangement aux moins-values.

De fait, dans certaines conditions, il devient techniquement possible d'effacer complètement l'impôt, en externalisant ses moins-values avant deux ans – qui seront fiscalement prises en compte à 100% – et ses plus-values après deux ans – qui elles seront fiscalement prises en compte à 50 ou 35%.

---

[72] Nous allons toutefois voir dans la section qui suit que l'assertion est partiellement inexacte.

Résumé

L'achat et la cession d'actions sont sujets à des frais de courtage et éventuellement à une commission de change, à des droits de timbre et à une taxe sur les transactions financières.

Les frais sur ordre de bourse sont généralement proportionnellement décroissants, en fonction de l'importance du montant engagé, il faut donc éviter la multiplication de petits ordres.

Des frais de garde ou d'inactivité peuvent également être facturés par l'établissement teneur de vos titres.

D'une manière générale, vous réduirez fortement les frais boursiers en privilégiant les banques en ligne, comme Boursorama ou Fortuneo, ou les courtiers spécialisés comme Binck, Bourse Direct ou Saxo Banque.

Dans une optique d'investissement à long terme, vous n'aurez pas à céder souvent vos foncières cotées. Toutefois, l'externalisation de moins-values éventuelles est utile pour effacer de possibles futures plus-values.

Chapitre

5

Dividende

Versement du dividende

Nous l'avons vu, les foncières cotées ne versent pas directement de loyers ou de revenus fonciers, mais des dividendes, à des fréquences variables.

Il faut distinguer la date effective de perception du dividende (*payable date*), de sa date de détachement (*ex-dividend date*).

Par exemple, pour la foncière française de centres commerciaux Klepierre :

HISTORIQUE DES DIVIDENDES KLEPIERRE

Année	Détachement	Versement	Type	Montant
2013	14/04/2014	17/04/2014	Total	1.55€
2012	15/04/2013	18/04/2013	Total	1.50€
2011	20/04/2012	21/05/2012	Total	1.45€
2010	11/04/2011	14/04/2011	Total	1.35€
2009	19/04/2010	14/05/2010	Total	1.25€
2008	20/04/2009	15/05/2009	Total	1.25€
2007	14/04/2008	07/05/2008	Total	1.25€

Dates de détachement et versement des dividendes de Klepierre (source : http://goo.gl/WN6s6b)

Pour avoir droit au dividende 2014, il faut détenir les actions Klepierre la veille du détachement, soit le 13 avril 2014.

Le 14 avril, à l'ouverture, le cours de bourse est automatiquement ajusté à la baisse du montant du dividende, soit ici 1,55 €.[73]

C'est le 17 avril que le dividende sera crédité sur votre compte titres.

[73] Il est donc inutile d'essayer de « capter » le détachement d'un dividende en achetant la veille et revendant le lendemain : ce que vous gagnez comme dividende, vous le perdez en moins-value ; avec en plus un frottement fiscal supplémentaire.

Ce mécanisme est exactement le même sur les sociétés étrangères, par exemple, pour la foncière canadienne diversifiée Cominar :

Ex-Dividend Date	Declaration Date	Record Date	Payable Date	Dividend Type	Amount
▼ 2014					
28/05/2014	14/05/2014	30/05/2014	16/06/2014	Cash Dividends	$0.12
28/04/2014	11/04/2014	30/04/2014	15/05/2014	Cash Dividends	$0.12
27/03/2014	17/03/2014	31/03/2014	15/04/2014	Cash Dividends	$0.12
26/02/2014	13/02/2014	28/02/2014	17/03/2014	Cash Dividends	$0.12
29/01/2014	17/01/2014	31/01/2014	14/02/2014	Cash Dividends	$0.12

Dates de détachement et versement des dividendes de Cominar (source : http://goo.gl/yv9eoE)

Pour avoir droit au dividende du mois de mai 2014, il faut détenir les actions Cominar la veille du détachement, soit le 27 avril 2014.

Le 28 avril, à l'ouverture, le cours de bourse est automatiquement ajusté à la baisse du montant du dividende, soit ici $0,12.

C'est le 15 mai que le dividende sera crédité sur votre compte titres :

Date de Trans.	Date de Valeur	Description	Détail	Débit	Crédit
		Solde précédent d.d. 15-05-2014			[illegible]
27-04		Dépôt de: 12.100 Div. Cominar Real Estate Investment Position après transaction: 12.100 Div. Cominar Real Estate Investment			
16-05	15-05	Paiement de dividende en espèces. Encaissé pour vous: 12.100 Div. Cominar Real Estate Investment Paiem. CAD 0,1200	972,39		
		Cours de change 1 EUR = CAD 1,493232			
		Retenue fiscale 15,000%	145,86		
					524,85
		Nouveau solde d.d. 16-05-2014			[illegible]

Détachement et versement d'un dividende Cominar via le courtier Binck

En pratique, en particulier sur les places boursières étrangères, il peut y avoir un délai supplémentaire avant l'encaissement effectif du dividende.

Fiscalité du dividende[74]

Les dividendes vont subir les cotisations sociales – 15,5% dont 5,1% de CSG déductible – et être imposés sur le revenu, dans la catégorie des revenus des valeurs mobilières.

Un abattement de 40% peut être appliqué avant l'imposition sur le revenu, selon le pays du siège social de la foncière cotée et son appartenance au régime REIT ou non :

Siège social	Statut	Abattement
Europe	REIT	NON
Europe	Non-REIT	OUI
USA	REIT et Non-REIT	OUI
Canada	REIT et Non-REIT	OUI
Autres pays	REIT et Non-REIT	OUI ou NON[75]

Exemples

Considérons un particulier avec un taux marginal d'imposition à 30%, pour 1000 € de dividende brut, combien lui restera-t-il en net ?

- 1 000 € de dividende brut de la foncière française Mercialys, relevant du régime REIT :

---

[74] En France pour un résident français

[75] OUI si le pays a signé une convention fiscale avec la France incluant une coopération fiscale pour combattre l'évasion et la fraude fiscales, NON sinon.

1 000 - (1 000×15,5%) - ((1 000-(1 000×5,1%))×30%) = **560,30 €**

- 1 000 € de dividende brut de la compagnie pharmaceutique française Sanofi, donc ne relevant pas du régime REIT :

1 000-(1 000×15,5%)-((1 000-(1 000×5,1%)-(1 000×40%))×30%) = **680,30 €**

- 1 000 € de dividende brut de la foncière canadienne Cominar, relevant du régime REIT :

1 000-(1 000×15,5%)-((1 000-(1 000×5,1%)-(1 000×40%))×30%) = **680,30 €**

- 1 000 € de dividende brut de l'éditeur de logiciel Microsoft, donc ne relevant pas du régime REIT :

1 000-(1 000×15,5%)-((1 000-(1 000×5,1%)-(1 000×40%))×30%) = **680,30 €**

Remboursement d'apport

Dans certains cas, comme le dividende exceptionnel de 20 € par action versé par Unibail-Rodamco en 2010, le dividende peut être versé sous la forme d'un remboursement d'apports (*distribution from capital contribution reserves*).

L'imposition n'est plus alors celle des « revenus des valeurs mobilières », mais celle des « plus-values sur valeurs mobilières ».

Pour un investisseur à long terme, c'est particulièrement avantageux, puisque le dividende n'est plus fiscalisé immédiatement – si la société verse 100 €, vous encaissez 100 €, – mais seulement lorsque vous cédez vos actions.

Notons que la foncière suisse diversifiée Swiss Prime Site verse jusqu'ici ses dividendes systématiquement sous forme de remboursement d'apport :

DISTRIBUTION

The payout to the shareholders was carried out through a shareholder-friendly distribution from capital contribution reserves.

Ex-date	Payment on	For financial year	Amount per share	Cash yield on year-end closing price	Nominal value of the share after the distribution
22 April 2014	25 April 2014	2013	CHF 3.60	5.2%	CHF 15.30
19 April 2013	24 April 2013	2012	CHF 3.60	4.7%	CHF 15.30
24 April 2012	27 April 2012	2011	CHF 3.60	5.1%	CHF 15.30

« The payout to the shareholders was carried out through a shareholder-friendly distribution from capital contribution reserves. » (source : www.swiss-prime-site.ch)

Acompte d'impôt sur le revenu

Depuis 2013, le dividende versé par le courtier subit également un prélèvement à la source au taux de 21%, correspondant à un acompte d'impôt sur le revenu.

Par conséquent, pour 1 000 € de dividende détaché par une société française, votre courtier vous versera :

1 000 - (1 000×15,5%) - (1 000×21%) = **635 €**

Notons bien que ce prélèvement est un acompte, qui vous sera restitué ou non en fonction de votre imposition réelle en année *n+1*.

Si votre revenu fiscal de référence de l'année *n-1* est inférieur à 50 000 € pour un célibataire ou 75 000 € pour un couple, il est possible de bénéficier d'une dispense. Pour cela, téléchargez le formulaire de « demande individuelle de dispense du prélèvement obligatoire à titre d'acompte d'impôts sur le revenu » sur le site de votre courtier, complétez-le puis retournez-lui.

Impôt à la source sur titres étrangers

Pour les sociétés non françaises, le dividende versé par le courtier subit en plus un impôt à la source (*foreign withholding taxes*) à un taux variable selon les pays, correspondant à l'imposition du pays d'origine.

Voici un tableau[76] récapitulatif des montants prélevés :

Siège social	Prélèvement à la source
Afrique du Sud	0%
Allemagne	26,4%
Australie	30%
Belgique	25%
Belgique – REIT résidentielle	15%
Canada	15%
États-Unis	15%
Hong Kong	0%
Italie	27%
Royaume-Uni – Non REIT	0%
Royaume-Uni – REIT	20%

[76] Source : compilation de l'auteur

Siège social	Prélèvement à la source
Singapour	0%
Suisse	35%

Par conséquent, pour 1 000 € de dividende détaché par une société américaine, votre courtier vous versera :

1 000 - (1 000×15,5%) - (1 000×21%) - (1 000×15%) = **485 €**

Si le pays a signé une convention fiscale relative à la double imposition avec la France, ce prélèvement – donc ici de 150 € – sera récupéré ensuite en totalité[77] en année *n+1* sous forme d'une réduction d'impôt.

Notons qu'il arrive que le courtier applique mal les conventions fiscales, spécialement pour les pays « exotiques » et prélève une somme excessive ou au contraire réduite.

Dividende versé en actions

Certaines sociétés offrent la possibilité de percevoir le dividende en actions – généralement sur la base du cours moyen des derniers jours – plutôt qu'en trésorerie.

Dans ce cas le courtier vous informera, généralement par email, qu'une société vous offre cette option pour le dividende à venir.

[77] Sauf pour la Suisse et l'Allemagne, où la récupération n'est que partielle.

Si vous souhaitez effectivement le percevoir en actions, il vous suffit de vous connecter au site Internet de votre courtier et cocher la case appropriée :

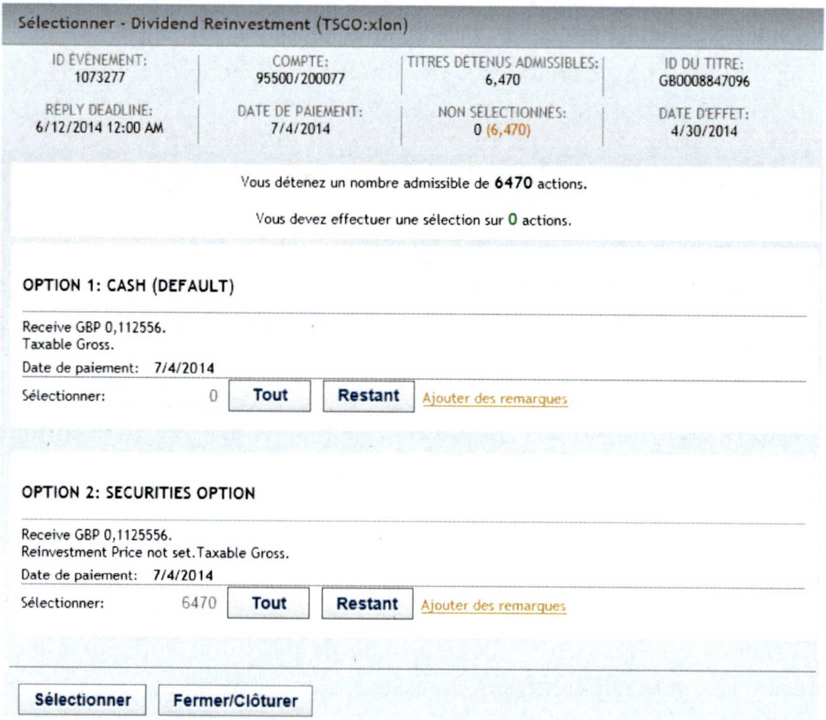

Exemple d'écran de sélection pour un versement en actions via Saxo Banque

Si vous souhaitez le percevoir en trésorerie, vous n'avez rien à faire.

Normalement, le versement du dividende en actions n'entraîne pas de frais de courtage et ne modifie rien en terme d'imposition et prélèvements sociaux.

Est-il préférable de percevoir son dividende en actions ou en trésorerie ?

Si vous n'avez pas besoin de la trésorerie, l'option de la perception du dividende en actions à l'avantage de la simplicité et de minimiser les frais de courtage.

Mais cela revient, ni plus, ni moins, à réinvestir de l'argent dans la société en question.

Est-ce que vous l'auriez fait autrement ou aviez-vous une autre société dans votre viseur ? Dans ce second cas, un paiement en trésorerie est préférable.

Rendement sur dividende

Le rendement sur dividende (*dividend yield*) correspond au montant du dividende divisé par le cours de bourse et s'exprime en pourcentage.

Ainsi, si le dividende brut par action d'Unibail-Rodamco est attendu par les analystes en 2014 à 9,40 € ; et que le cours actuel d'Unibail-Rodamco est de 205 €, son rendement sur dividende 2014 sera :

$$9{,}40 \div 205 = \mathbf{4{,}58\,\%}$$

Prévisions des analystes

	2013	2014	2015
BNA	10.22	10.79	11.45
Dividende	8.90	9.40	10.00
Rendement	4.34 %	4.58 %	4.88 %
PER	20.07	19.01	17.92

Prévisions de dividende d'Unibail-Rodamco (source : www.boursorama.com)

Notons bien qu'il s'agit d'une estimation et qu'il n'y a pas de certitude absolue sur le montant versé.

En général, les revenus des foncières cotées sont plutôt prévisibles et les estimés ont plus de chance d'être exacts que pour les autres types de sociétés.

Pourquoi certaines foncières ont un rendement sur dividende de 4% et d'autres de 8% ?

D'abord, même si le statut REIT impose des contraintes, la part des loyers reversés en dividende aux actionnaires varie d'une foncière à une autre.

Une société immobilière peut choisir de verser moins, pour conserver la trésorerie nécessaire à l'acquisition de nouveaux immeubles et proposer dans le futur un dividende plus élevé.

Ensuite, les acteurs de marché apprécient les foncières cotées solides et offrant une forte visibilité et des perspectives de croissance, comme justement Unibail-Rodamco.

Elles valent plus cher en bourse que leurs consœurs, plus petites et/ou moins prévisibles et/ou avec des perspectives moins intéressantes et par conséquent, leur rendement sur dividende est mécaniquement plus faible.

Il y aussi des « anomalies » temporaires de marché, comme en 2009 où toutes les foncières cotaient à des niveaux absurdement bas et offraient des rendements sur dividende pouvant dépasser les 10%.

Parfois cette « anomalie » peut concerner une société en particulier, temporairement délaissée par les acteurs de marché, son rendement sur dividende est mécaniquement élevé.

Par exemple, en juin 2014, nous voyons une possible « anomalie » sur la foncière cotée américaine de murs de magasin American Realty Capital Properties :

Evolution du rendement sur dividende de Realty Income, American Realty Capital Properties et National Retail properties (source : http://ycharts.com)

Tandis que son rendement sur dividende suivait jusqu'en mars 2014 celui de ses homologues Realty Income et National Retail Properties, il diverge ensuite.

Cette divergence peut laisser à penser qu'American Realty Capital Properties est une opportunité.

Notons que le terme « TTM », présent sur le graphique, signifie « Trailing Twelve Months » ou « douze mois glissants ». Le terme « Dividend Yield (TTM) » correspond au rendement sur dividende d'après les dividendes versés sur les douze derniers mois.

Résumé

Pour avoir droit au versement du dividende, il faut détenir les actions la veille du détachement.

La fiscalité des dividendes varie selon le siège social de la société et sa soumission ou non au régime REIT.

Il peut y avoir un écart important entre les dividendes versés et les dividendes effectivement perçus, du fait des prélèvements sociaux, de l'acompte d'imposition sur le revenu et de l'impôt à la source pour les foncières étrangères. Cet écart est partiellement gommé par une réduction ou un crédit d'impôt en année *n+1* en fonction de votre taux d'imposition effectif.

Les dividendes versés sous forme de remboursement d'apports sont rares, mais particulièrement intéressants fiscalement pour l'investisseur à long terme.

Parfois, vous pouvez choisir de percevoir votre dividende en actions plutôt qu'en trésorerie. Si vous n'avez pas besoin de

trésorerie, le versement en actions a l'avantage de la simplicité et de minimiser les frais de courtage.

Le rendement sur dividende correspond au montant du dividende, généralement attendu pour l'exercice en cours, divisé par le cours de bourse actuel. Un rendement sur dividende élevé peut laisser présager d'une opportunité.

Chapitre

6

Trouver les foncières cotées

Où trouver une liste des sociétés immobilières cotées ?

Une solution consiste à consulter la composition d'indices boursiers spécialisés dans les sociétés immobilières, comme les indices IEIF (www.ieif-indices.com) ou la série des FTSE EPRA NAREIT Global Real Estate Index (www.ftse.co.uk).

Ainsi, l'indice FTSE EPRA/NAREIT Europe vous donnera la liste de l'essentiel des foncières européennes :

FTSE

FTSE EPRA/NAREIT Europe Index

Indicative Index Weight Data as at Closing on 31 Dec 2013

SEDOL	Constituent name	Index Weight (%)	Country	ICB Supersector Code	ICB Supersector Description
B1YY4B3	Unibail - Rodamco	14,71	NETHERLANDS	8600	Real Estate
3180943	Land Securities Group	7,40	UNITED KINGDOM	8600	Real Estate
136701	British Land Co	6,13	UNITED KINGDOM	8600	Real Estate
406501	Hammerson	3,47	UNITED KINGDOM	8600	Real Estate
7582556	Klepierre	2,67	FRANCE	8600	Real Estate
5679911	Immofinanz AG	2,64	AUSTRIA	8600	Real Estate
B083BH4	Swiss Prime Site	2,52	SWITZERLAND	8600	Real Estate
B5ZN1N8	Segro	2,42	UNITED KINGDOM	8600	Real Estate
265274	Derwent London	2,23	UNITED KINGDOM	8600	Real Estate
B62G9D3	Capital & Counties Properties	2,11	UNITED KINGDOM	8600	Real Estate
683434	Intu Properties	2,05	UNITED KINGDOM	8600	Real Estate
B01FLL1	Great Portland Estates	2,01	UNITED KINGDOM	8600	Real Estate
B012877	PSP Swiss Property	1,99	SWITZERLAND	8600	Real Estate
B0YZ0Z5	Deutsche Wohnen AG	1,93	GERMANY	8600	Real Estate
4929286	Corio	1,77	NETHERLANDS	8600	Real Estate
4554406	Icade	1,75	FRANCE	8600	Real Estate
7745638	Fonciere Des Regions	1,72	FRANCE	8600	Real Estate
B0XP0T0	Castellum	1,58	SWEDEN	8600	Real Estate
799096	Shaftesbury	1,53	UNITED KINGDOM	8600	Real Estate
7742468	Gecina	1,43	FRANCE	8600	Real Estate

Extrait de l'indice FTSE EPRA/NAREIT Europe fin 2013
(source : http://goo.gl/cpQjvU)

Plus simplement, le site Internet www.devenir-rentier.fr, créé et animé par l'auteur de ce livre, répertorie l'essentiel des sociétés immobilières cotées européennes, nord-américaines, asiatiques et africaines.

Stratégie Immobilier : Grandes et moyennes capitalisations
Les rendements sur dividende des foncières cotées dont la capitalisation boursière > à 2 Md€

Maj : 25/04/2014 Exporter sous Excel Offre exceptionnelle de parrainage Boursorama Banque

Grandes et moyennes capitalisations (14) Stratégie Immobilier

Téléchargez maintenant l'application xlsPortfolio pour suivre des données plus exhaustives et récentes

Stratégie dividendes : du + haut rendement au + faible rendement

Société	Cap.[1]	Rdt. %	PER	Prix/CP	Cours	+ bas[2]	+ haut[2]	Industrie
Fonciere Des Regions	4,5	5,9	23,9	0,9	71,7	-23%	1%	Office REIT
Corio	3,3	5,5	178,7	0,7	33,2	-14%	10%	Retail REIT
ICADE	5,6	4,8	215,2	1,3	75,8	-23%	1%	Multi Asset Class REIT
Klepierre	6,6	4,7	45,9	3,2	32,9	-12%	6%	Retail REIT
Unibail-Rodamco	19	4,6	10,9	1,3	191,9	-14%	9%	Retail REIT

Exemple de liste de foncières cotées disponible sur le site www.devenir-rentier.fr

Vous trouverez ci-dessous les URL raccourcies vous emmenant directement vers les pages correspondantes.

Sociétés immobilières européennes

Il s'agit essentiellement des foncières cotant aux Pays-Bas, Royaume-Uni, en Allemagne, Belgique, Italie et France :

Capitalisation boursière	URL
> 2 Md€	http://goo.gl/Iop4b
0,3 Md€ < capi. < 2 Md€	http://goo.gl/VvpK75
< 0,3 Md€	http://goo.gl/cHj0k7

Sociétés immobilières nord-américaines

Il s'agit des foncières cotant aux États-Unis ou au Canada :

Capitalisation boursière	URL
> 2 Md€	http://goo.gl/re9Rc
0,3 Md€ < capi. < 2 Md€	http://goo.gl/WwdmZM
< 0,3 Md€	http://goo.gl/gecsno

Sociétés immobilières asiatiques/pacifique

Il s'agit essentiellement des foncières cotant à Hong Kong, Singapour et en Australie :

Capitalisation boursière	URL
> 2 Md€	http://goo.gl/sRoFbf
0,3 Md€ < capi. < 2 Md€	http://goo.gl/ReeboH
< 0,3 Md€	http://goo.gl/Y4dsxx

Sociétés immobilières africaines

Il s'agit essentiellement des foncières cotant en Afrique du Sud :

Capitalisation boursière	URL
> 2 Md€	http://goo.gl/VZP9Bj
0,3 Md€ < capi. < 2 Md€	N/A
< 0,3 Md€	N/A

Sociétés immobilières à dividende mensuel

Il s'agit des foncières canadiennes et quelques foncières américaines :

Capitalisation boursière	URL
> 2 Md€	http://goo.gl/1Ucs8D
0,3 Md€ < capi. < 2 Md€	http://goo.gl/1Ucs8D
< 0,3 Md€	http://goo.gl/1Ucs8D

Comment lire les pages du site www.devenir-rentier.fr ?

Chaque page dont l'URL a été donnée comporte deux tableaux.

Le premier tableau, nommé « stratégie dividendes » classe les foncières par ordre décroissant de rendement sur dividende :

Stratégie Immobilier : Grandes et moyennes capitalisations
Les rendements sur dividende des foncières cotées dont la capitalisation boursière > à 2 Md€

Maj : 25/04/2014 Exporter sous Excel Offre exceptionnelle de parrainage Boursorama Banque

Grandes et moyennes capitalisations (14) — **Stratégie Immobilier**

Téléchargez maintenant l'application xlsPortfolio pour suivre des données plus exhaustives et récentes

Stratégie dividendes : du + haut rendement au + faible rendement

Société	Cap.[1]	Rdt. %	PER	Prix/CP	Cours	+ bas[2]	+ haut[2]	Industrie
Fonciere Des Regions	4,5	5,9	23,9	0,9	71,7	-23%	1%	Office REIT
Corio	3,3	5,5	178,7	0,7	33,2	-14%	10%	Retail REIT
ICADE	5,6	4,8	215,2	1,3	75,8	-23%	1%	Multi Asset Class REIT
Klepierre	6,6	4,7	45,9	3,2	32,9	-12%	6%	Retail REIT
Unibail-Rodamco	19	4,6	10,9	1,3	191,9	-14%	9%	Retail REIT

En mai 2014, pour les foncières européennes de plus de 2 milliards d'euros de capitalisation boursières, c'est Foncière des Régions qui a le rendement sur dividende le plus important, à 5,9% ; suivi de Corio à 5,5%.

Le deuxième tableau, nommé « stratégie contrariante » classe les foncières par ordre croissant de proximité avec leur plus bas à 52 semaines :

Stratégie contrariante : proche du + bas et éloigné du + haut à 52 semaines

Société	Cap.[1]	Rdt. %	PER	Prix/CP	Cours	+ bas[2]	+ haut[2]	Industrie
Intu Properties	4,4	4,2	10,4	0,9	291,0	-7%	14%	Retail REIT
Corio	3,3	5,5	178,7	0,7	33,2	-14%	10%	Retail REIT
Unibail-Rodamco	19	4,6	10,9	1,3	191,9	-14%	9%	Retail REIT
Klepierre	6,6	4,7	45,9	3,2	32,9	-12%	6%	Retail REIT
Gecina	6,5	4,5	16,6	0,9	97,2	-15%	6%	Office REIT

En mai 2014, pour les foncières européennes de plus de 2 milliards d'euros de capitalisation boursière, c'est Intu Properties qui est la plus proche de ses plus bas à 52 semaines.

En bas du tableau, ce sont Icade, Shafstburry et Foncière des Régions qui sont les plus proches de leur plus haut à 52 semaines :

ICADE	5,6	4,8	215,2	1,3	75,8	-23%	1%	Multi Asset Class REIT
Shaftesbury	2,2	1,6	6,4	1,2	669,5	-14%	1%	Office REIT
Fonciere Des Regions	4,5	5,9	23,9	0,9	71,7	-23%	1%	Office REIT

Ceci est explicite sur ce graphique d'évolution du cours de bourse de Foncière des Régions :

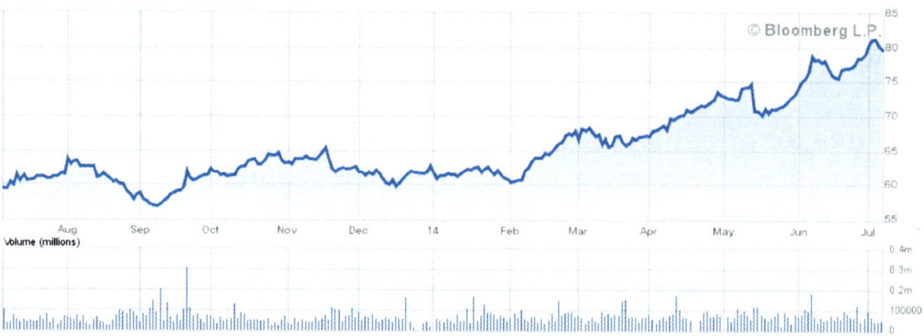

Évolution du cours de bourse de Foncière des Régions (source : www.bloomberg.com)

L'avantage du tableau est que d'un coup d'œil, vous visualisez les foncières traitant à des cours potentiellement anormalement bas ou haut, plutôt que devoir consulter le graphique de chacune.

L'en-tête de colonnes des tableaux se lit comme suit :

Société	Cap.[1]	Rdt. %	PER	Prix/CP	Cours	+ bas[2]	+ haut[2]	Industrie
Intu Properties	4,4	4,2	10,4	0,9	291,0	-7%	14%	Retail REIT

Drapeau : le pays de la place boursière principale de cotation

Société : le nom de la société

Cap : la capitalisation boursière en milliards d'euros, convertie avec la dernière parité en vigueur pour les sociétés hors zone euro

Rdt% : le rendement sur dividende d'après le site financier Bloomberg[78]. Il est calculé à partir des dividendes versés sur les douze derniers mois glissants. Le calcul inclut les dividendes exceptionnels, et donc le rendement affiché est parfois anormalement élevé et ne présage pas du rendement futur.

Prix/CP : le ratio Prix/Capitaux Propres, qui n'a pas d'intérêt pour une foncière cotée. N'en tenez pas compte.

+bas : l'écart entre le cours de bourse actuel et le plus bas depuis un an. Plus le nombre est proche de 0%, plus le cours est proche du plus bas.

+haut : l'écart entre le cours de bourse actuel et le plus haut depuis un an. Plus le nombre est proche de 0%, plus le cours de bourse est proche du plus haut.

---

[78] Bloomberg (www.bloomberg.com) et Reuters (www.reuters.com) sont les deux principaux fournisseurs d'informations financières.

Industrie : la typologie de la foncière, d'après Bloomberg. Elle diffère légèrement de celle de la NAREIT, vue précédemment :

Typologie Bloomberg	Description
Real Estate Oper & Srvcs	Gestion et services immobiliers ou foncières cotées n'exerçant pas sous le statut REIT
Office REIT	Bureaux
Retail REIT	Commerces et centres commerciaux
Industrial REIT	Logistique et industriel
Health Care REIT	Santé
Multi Housing REIT	Résidentiel
Multi Asset Class REIT	Diversifié
Hotel Ownership REIT	Centres de villégiature et hôtels
Self-storage REIT	Box de stockage
Specialty & Other REIT	Forêts, centres de données informatiques, centres de détention, immeubles-laboratoires

Nous verrons au chapitre suivant comment construire un portefeuille de foncières avec l'aide des tableaux.

Résumé

Les listes de foncières cotées peuvent être trouvées d'après la composition d'indice de référence ou plus simplement, en consultant le site www.devenir-rentier.fr.

Chapitre

7

Exemples de portefeuille

Diversification

Même si la question du choix des sociétés peut paraître complexe, elle ne l'est plus à partir du moment où vous avez une approche à long terme.

Les critères principaux vont être la diversification typologique et géographique.

Concrètement, si vous investissez dans cinq foncières, plutôt que d'investir dans cinq foncières françaises de centres commerciaux, il est souhaitable d'investir, par exemple, dans une foncière française de bureaux, une foncière anglaise de centres commerciaux, une foncière canadienne diversifiée, une foncière américaine de centres médicaux et une foncière belge d'entrepôts.

Pour en comprendre l'intérêt, j'aime utiliser l'analogie de la pêche.

Vous pouvez poser cinq cannes à pêche dans le même étang. Si par chance, l'étang abonde de poissons, vous ferez une super pêche. Si par contre, il y a eu un tournoi de pêche la semaine passée et l'étang est vidé, vous ne ramènerez rien.

A contrario, si vous posez une canne à pêche dans cinq étangs différents, vous conservez vos chances de faire une super pêche, mais supprimez celle d'en faire une mauvaise.

Là où il est compliqué pour un pêcheur de poser cinq cannes dans une rivière d'Écosse ou de Caroline du Sud, dans les eaux côtières d'Irlande et d'Islande ou dans un fleuve slovène, cela se fait en trois clics de souris avec les sociétés immobilières cotées.

Les investisseurs les plus aguerris opposeront à l'argument de la diversification qu'elle réduit la probabilité d'une super performance [boursière]. D'après eux, il faut analyser sur le bout des doigts un ensemble de sociétés et se concentrer sur les plus prometteuses.

À la maxime « ne pas mettre tous ses œufs dans le même panier », ils préféreront « réfléchissez et mettez tous vos œufs dans le meilleur panier ».

Mais si vous étiez un analyste financier spécialisé dans l'immobilier coté, vous ne liriez pas ce livre. Et même les analystes aguerris peuvent se tromper et admettent qu'un minimum de diversification reste souhaitable.

En effet, quelles que soient les qualités intrinsèques d'une société que vous ayez pu identifier après une analyse plus ou moins approfondie, cela ne l'immunise pas contre les vicissitudes des cycles économiques ou immobiliers.

Quelle part de son patrimoine allouer aux foncières cotées ?

Dans mon livre « Devenir rentier en dix ans », écrit en 2010, je préconisais de ne pas aller au-delà de 15% de votre patrimoine, notamment car, comme nous l'avons vu, le pouvoir « diversifiant » des foncières cotées par rapport aux actions est moindre que l'immobilier en direct ou les SCPI.

Par ailleurs, en termes de diversification « fiscale », il m'apparaissait peu prudent d'avoir une rente provenant pour l'essentiel de revenus de valeurs mobilières, qu'il s'agisse d'actions « classiques » ou de foncières cotées.

Aujourd'hui, je serais plus nuancé sur le premier argument, car les foncières cotées ont gagné en maturité et sont traitées de plus en plus comme une classe d'actif à part entière.[79] D'autre part, le placement alternatif le plus proche, les SCPI, souffre d'une nouvelle législation européenne et de problèmes de gouvernance récurrents.

Sur le second point, j'avais vu juste, car la fiscalité des dividendes des foncières cotées européenne a fortement augmenté. Elle reste cependant favorable aux foncières non européennes dont les sièges sociaux se trouvent dans des pays ayant signé une convention fiscale relative à la double imposition avec la France, comme nous l'avons vu.

---

[79] Un nouveau crédit crunch comme celui de 2009, que je ne souhaite pas, pourrait confirmer/infirmer cette assertion, qui reste seulement une conviction en l'état.

La NAREIT ne préconise rien, mais relève que plusieurs grandes institutions investissent 10 à 20% de leur portefeuille d'actifs en sociétés immobilières cotées :

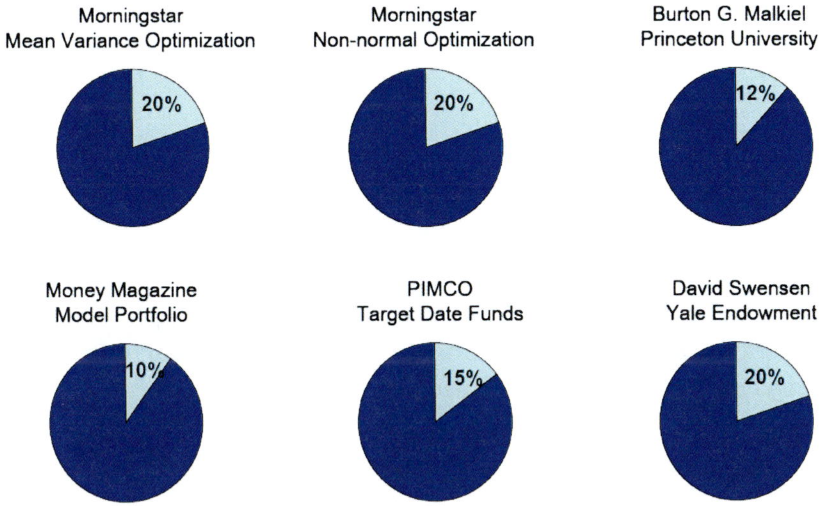

Part des foncières cotées dans plusieurs allocations d'actifs de grandes institutions (source : www.reit.com)

Par conséquent, **le consensus est d'allouer environ 15% de son patrimoine en foncières cotées**.

À titre personnel, pour maximiser la rente « tirée » de mon patrimoine, j'ai dépassé ce seuil et suis fortement investi en foncières cotées, mais également conscient des risques dans le cas d'un possible crédit crunch.

Combien de foncières cotées faut-il détenir en portefeuille ?

Pour assurer un minimum de diversification géographique, le minimum me paraît être trois, par exemple :

- une foncière en zone €,
- une foncière en zone £,
- une foncière en zone $.

Nous privilégierons alors également les foncières diversifiées plutôt que celles exposées à un seul type d'immobilier.

Pour favoriser une diversification typologique et géographique complète, ma recommandation serait cependant d'en avoir une dizaine, si la taille de votre patrimoine le permet.

Exemple n°1 : un portefeuille diversifié

En utilisant notamment les listes du site www.devenir-rentier.fr présentées précédemment et se concentrant sur les plus importantes sociétés immobilières en terme de capitalisation boursière, voici un exemple de portefeuille diversifié géographiquement et typologiquement :

Nom	Place de cotation	Secteur
Foncière des Régions	France	Bureaux
Digital Realty Trust	États-Unis	Centres de données
Corio	Pays-Bas	Centres commerciaux
American Realty Capital Properties	États-Unis	Murs de magasin
Segro	Royaume-Uni	Logistique et industriel

Nom	Place de cotation	Secteur
Chartwell Retirement Residences	Canada	Santé
Deutsche Wohnen	Allemagne	Résidentiel
Swiss Prime Site	Suisse	Diversifié
Alexandria Real Estate Equities	États-Unis	Immeubles-laboratoires
Host Hotels & Resorts	États-Unis	Hôtels
Public Storage	États-Unis	Box de stockage
Plum Creek Timber	États-Unis	Forêts
American Tower	États-Unis	Infrastructures

Avec un courtier qui donne accès à la bourse de Hong Kong ou Singapour, vous pouvez même augmenter la diversification géographique, en ajoutant, par exemple, la foncière Link REIT.

À raison de 3 000 € par ligne, le portefeuille totalisera environ 39 000 € et générera la rente suivante, avant impôts et cotisations sociales :

Calendrier des dividendes (brut d'impôts et prélèvements sociaux)

	Jan.	Fév.	Mars	Avril	Mai	Juin	Juil.	Août	Sept.	Oct.	Nov.	Déc.
Fonciere Des Regions	-	-	-	-	167 €	-	-	-	-	-	-	-
Digital Realty Trust Inc	-	-	43 €	-	-	43 €	-	-	43 €	-	-	43 €
Corio NV	-	-	-	-	-	-	-	-	-	-	-	-
American Realty Capital Properties	20 €	20 €	20 €	20 €	20 €	20 €	20 €	20 €	20 €	20 €	20 €	20 €
Segro PLC	-	-	-	-	62 €	-	-	-	-	-	62 €	-
Chartwell Retirement Residences	12 €	12 €	12 €	12 €	12 €	12 €	12 €	12 €	12 €	12 €	12 €	12 €
Deutsche Wohnen AG	-	-	-	-	-	63 €	-	-	-	-	-	-
Swiss Prime Site AG	-	-	-	149 €	-	-	-	-	-	-	-	-
Alexandria Real Estate Equities Inc	27 €	-	-	27 €	-	-	27 €	-	-	27 €	-	-
Host Hotels & Resorts Inc	20 €	-	-	20 €	-	-	20 €	-	-	20 €	-	-
Public Storage	-	-	24 €	-	-	24 €	-	-	24 €	-	-	24 €
Plum Creek Timber Co Inc	-	30 €	-	-	30 €	-	-	30 €	-	-	30 €	-
American Tower Corp	11 €	-	-	11 €	-	-	11 €	-	-	11 €	-	-
TOTAL MENSUEL	**91 €**	**62 €**	**99 €**	**240 €**	**291 €**	**162 €**	**91 €**	**62 €**	**99 €**	**91 €**	**124 €**	**99 €**
TOTAL ANNUEL	**1 512 €**			**MOY. MENSUELLE**		**126 €**						

Sources : XlsPortfolio (http://goo.gl/YuVehr) et sites des sociétés

Exemple n°2 : un portefeuille concentré

Voici un exemple de portefeuille concentré, mais toujours diversifié *a minima* géographiquement :

Nom	Place de cotation	Secteur
Unibail-Rodamco	France	Diversifié
Vornado Realty Trust	États-Unis	Diversifié
British Land	Royaume-Uni	Diversifié
Swiss Prime Site	Suisse	Diversifié
Cominar	Canada	Diversifié

À raison de 6 000 € par ligne, le portefeuille totalisera environ 30 000 € et générera la rente suivante, avant impôts et cotisations sociales :

Calendrier des dividendes (brut d'impôts et prélèvements sociaux)

	Jan.	Fév.	Mars	Avril	Mai	Juin	Juil.	Août	Sept.	Oct.	Nov.	Déc.
Unibail-Rodamco SE	-	-	-	-	114 €	-	-	-	-	-	-	-
Vornado Realty Trust	-	41 €	-	-	41 €	-	-	41 €	-	-	41 €	-
British Land Co PLC	-	57 €	-	-	57 €	-	-	57 €	-	-	57 €	-
Swiss Prime Site AG	-	-	-	297 €	-	-	-	-	-	-	-	-
Cominar Real Estate Investment Tr	38 €	38 €	38 €	38 €	38 €	38 €	38 €	38 €	38 €	38 €	38 €	38 €
TOTAL MENSUEL	**38 €**	**136 €**	**38 €**	**335 €**	**250 €**	**38 €**	**38 €**	**136 €**	**38 €**	**38 €**	**136 €**	**38 €**
TOTAL ANNUEL	**1 256 €**			**MOY. MENSUELLE**		**105 €**						

Sources : XlsPortfolio (http://goo.gl/YuVehr) et sites des sociétés

Exemple n°3 : un portefeuille à dividendes mensuels

Voici un portefeuille se concentrant sur les sociétés versant des dividendes mensuels élevés :

Nom	Place de cotation	Secteur
Dream Office REIT	Canada	Bureaux
American Realty Capital Properties	États-Unis	Murs de magasin
Chambers Street Properties	États-Unis	Industriel
Chartwell Retirement Residences	Canada	Santé
Canadian Apartment Properties	Canada	Résidentiel
Cominar	Canada	Diversifié

À raison de 6 000 € par ligne, le portefeuille totalisera environ 36 000 € et générera la rente suivante, avant impôts et cotisations sociales :

Calendrier des dividendes (brut d'impôts et prélèvements sociaux)

	Jan.	Fév.	Mars	Avril	Mai	Juin	Juil.	Août	Sept.	Oct.	Nov.	Déc.
Dream Office Real Estate Investmer	38 €	38 €	38 €	38 €	38 €	38 €	38 €	38 €	38 €	38 €	38 €	38 €
American Realty Capital Properties	40 €	40 €	40 €	40 €	40 €	40 €	40 €	40 €	40 €	40 €	40 €	40 €
Chambers Street Properties	32 €	32 €	32 €	32 €	32 €	32 €	32 €	32 €	32 €	32 €	32 €	32 €
Chartwell Retirement Residences	24 €	24 €	24 €	24 €	24 €	24 €	24 €	24 €	24 €	24 €	24 €	24 €
Canadian Apartment Properties RE	26 €	26 €	26 €	26 €	26 €	26 €	26 €	26 €	26 €	26 €	26 €	26 €
Cominar Real Estate Investment Tr	38 €	38 €	38 €	38 €	38 €	38 €	38 €	38 €	38 €	38 €	38 €	38 €
TOTAL MENSUEL	**198 €**	**198 €**	**198 €**	**198 €**	**198 €**	**198 €**	**198 €**	**198 €**	**198 €**	**198 €**	**198 €**	**198 €**
TOTAL ANNUEL	**2 377 €**			**MOY. MENSUELLE**		**198 €**						

Sources : XlsPortfolio (http://goo.gl/YuVehr) et sites des sociétés

Du strict point de vue de la génération d'une rente, cet exemple de portefeuille est évidemment le plus séduisant, mais il a le désavantage d'être complètement exposé aux dollars canadiens et américains et au Canada et aux États-Unis.

Typologiquement, il reste cependant relativement diversifié.

Résumé

Le consensus est d'allouer 10 à 20% de son patrimoine en foncières cotées.

Pour minimiser les risques, il est préférable de diversifier géographiquement et typologiquement son portefeuille de foncières, ce qui implique d'en détenir une dizaine.

Une rente mensuelle linéaire peut facilement être mise en œuvre avec un portefeuille de foncières exclusivement canadiennes et quelques foncières américaines, mais nous perdons la diversification géographique.

Chapitre

8

Investir dans les foncières cotées via des fonds

Plutôt que détenir directement des actions de sociétés immobilières cotées, nous pouvons investir dans des Organismes de Placement Collectif en Valeurs Mobilières, qui détiennent des foncières cotées.

Je suis plutôt réservé sur ces fonds de placement, car les frais de gestion « mangent » une partie de la performance qui est souvent en deçà des indices de référence.

Avantages des OPCVM

1. Vous n'avez quasiment rien à faire sinon sélectionner deux ou trois fonds de placement. C'est un professionnel, dans le cas d'un FCP ou d'une SICAV, ou un programme informatique,

dans le cas d'un tracker[80] qui décidera des foncières sur lesquelles investir.

2. Il existe une large gamme d'OPCVM, investie aussi bien dans des foncières cotées européennes, américaines ou asiatiques. La diversification géographique transcontinentale est facilitée.

3. Un OPCVM détient au moins une dizaine de foncières, et donc vous garantit une diversification, difficile à obtenir avec des titres vifs si votre capital est modeste.

4. Certains OPCVM sont éligibles et proposés dans le cadre fiscal avantageux de l'assurance-vie, et même du PEA[81].

Inconvénients des OPCVM

1. Les frais d'entrée, de gestion et de sortie, grèvent la performance des FCP et SICAV. Toutefois, les frais d'entrée et de sortie peuvent être évités sur certains fonds proposés par les

[80] Tracker ou ETF (Exchange-Traded Fund) ou fonds indiciel coté ou OPCVM indiciel, tous ces termes sont synonymes.

[81] Par exemple, les trackers Lyxor FR0011869304 et Amundi FR0010791160 sont éligibles au PEA, bien qu'ils soient investis dans des foncières cotées européennes. Cette curiosité s'explique par le fait que ce sont des trackers à réplication synthétique, qui ne détiennent pas en réalité de foncières cotées, mais reproduisent la performance de celles-ci par le biais de produits dérivés, plus précisément des swaps. Ces trackers exposent à un risque de contrepartie.

banques ou courtiers en ligne[82], aussi bien dans le cadre de contrats d'assurance vie que d'un compte-titres.

2. Les dividendes sont souvent capitalisés et vous ne bénéficiez pas d'une rente aussi explicite et transparente qu'avec des titres vifs. Ceci peut toutefois être un atout si vous avez un taux d'imposition élevé et en phase de construction d'un patrimoine, puisque cela vous évite le frottement fiscal de l'imposition sur le revenu.

3. Nous avons vu avec les foncières étrangères le mécanisme du prélèvement étranger à la source que nous récupérons en année *n+1* sous forme de réduction d'impôts. Ce prélèvement est généralement perdu avec un OPCVM qui impacte implicitement la performance.

4. Si le cadre fiscal de l'assurance vie est avantageux, un contrat d'assurance vie supporte des frais de gestion annuels, qui s'ajoutent au frais de gestion des OPCVM et diminuent encore la performance.

5. La fiscalité de certains trackers[83] distribuant des dividendes, n'est pas celle des revenus des valeurs mobilières, mais des revenus de produits de placement à revenu fixe, qui ne bénéficient pas de l'abattement de 40%.

---

[82] Une fois encore, les banques « traditionnelles » sont peu compétitives et il n'est pas rare d'avoir des frais d'entrée jusqu'à 5,5%, quand le même fonds est disponible sans frais d'entrée sur une banque en ligne.

[83] Notamment Lyxor

6. Bien que ce ne soit pas le cas des OPCVM de foncières cotées, où les gérants n'ont pas énormément de latitude dans la gestion, certains OPCVM ont des performances catastrophiques :

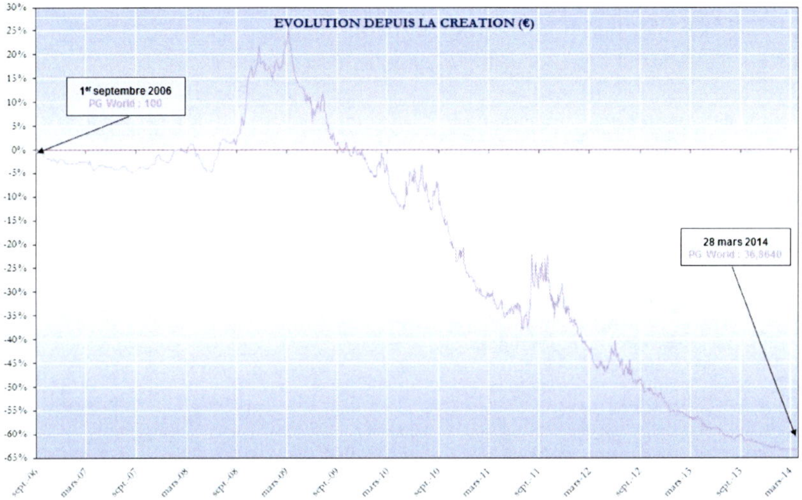

Performance de l'OPCVM « PG World » géré par Olivier Delamarche de Platinium Gestion

Comment trouver des OPCVM de foncières cotées ?

La société Morningstar note de 1 à 5 étoiles les fonds de placement en fonction de leur performance passée.

Sur leur site (www.morningstar.fr), nous trouvons un sélecteur de FCP et SICAV (http://goo.gl/EP0IEp) qui permet de filtrer les OPCVM en fonction notamment :

- de leur catégorie Morningstar,
- de leur notation Morningstar,
- du montant des frais,
- de leur éligibilité ou non au PEA,

- du fait qu'ils soient capitalisants ou distribuants,
- du montant de souscription minimum.

Les catégories Morningstar qui nous intéressent sont toutes celles qui commencent par le terme « Immobilier » :

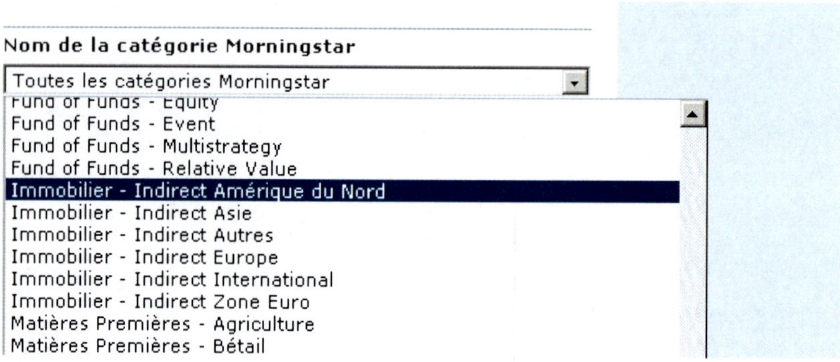

Extrait du sélecteur de fonds du site financier Morningstar

Une recherche sur le filtre « Immobilier – Indirect International », avec une notation Morningstar de 5 étoiles renvoie :

Nom du fonds	Risque Morningstar (par rapport à la catégorie)	Volatilité 3 ans (ann.)	Perf. % année	Perf. % 1 an	Perf. 3 ans ann.%	Perf. 5 ans ann.%	Perf. ann. % 10 ans
AXA World Funds Framlington Global Real Estate Securities F Capitalisation EUR	Moyenne	12,12	9,56	4,15	12,46	16,84	-
First State Global Property Securities Fund Class B (Accumulation) GBP	Supérieur à la moyenne	13,28	10,90	6,98	10,37	18,43	-
First State Global Property Securities Fund Class B (Income) GBP	Supérieur à la moyenne	13,46	10,84	6,90	10,43	18,37	-
iShares FTSE EPRA/NAREIT Glb Prpty Yld (D) EUR	Moyenne	0,00	0,00	0,00	0,00	8,78	-
Lyxor UCITS ETF FTSE EPRA/NAREIT Global Developed D-EUR	Supérieur à la moyenne	12,17	11,91	4,74	11,94	-	-
T. Rowe Price Global Real Estate Sector Fund I Acc	Inférieur à la moyenne	11,54	11,49	4,24	11,02	17,21	-
Total: 6	**Vue:** 20 par page	1-6 de 6	Début | Précédent | Suivant | Dernier				

Exemple de résultat de recherche sur le site financier Morningstar

Il vous reste à vérifier alors si ces fonds sont proposés par votre banque ou courtier, éventuellement dans le cadre d'un contrat d'assurance-vie et pour quels frais d'entrée.

Si aucun n'est disponible à des frais d'entrée compétitifs, vous pouvez élargir la recherche aux fonds notés 4 étoiles.

Pour la recherche de tracker/ETF, Morningstar propose également un outil (http://goo.gl/rXzKHN), fonctionnant sur le même principe.

Votre courtier peut également proposer son propre outil de recherche de fonds, qui aura l'avantage d'être directement restreint aux fonds accessibles, mais l'inconvénient d'être généralement moins complet que celui de Morningstar.

Résumé

Il est possible d'investir dans les foncières cotées au travers de fonds de placement : FCP, SICAV et tracker.

Les OPCVM permettent une diversification géographique facile, adaptée aux patrimoines plus modestes et sont parfois disponibles dans le cadre fiscal avantageux de l'assurance vie ou du PEA.

La performance des FCP/SICAV peut être grevée par des frais.

Un OPCVM peut être capitalisant ou distribuant. Un OPCVM capitalisant est un avantage lors de la constitution d'un patrimoine, car il évite le frottement fiscal sur le dividende.

Les OPCVM supportent généralement un « frottement fiscal interne » lié à la non-récupération de l'impôt à la source sur les dividendes des sociétés étrangères détenues en portefeuille.

Chapitre

9

Déclarer les revenus de ses foncières cotées[84]

Les revenus des foncières cotées sont des dividendes, à déclarer dans la catégorie des « Revenus des valeurs et capitaux mobiliers » :

- ☐ Traitements, salaires, prime pour l'emploi y compris salaires exonérés de source étrangère retenus pour le calcul du taux effectif
- ☐ Pensions, retraites, rentes y compris pensions exonérées de source étrangère retenues pour le calcul du taux effectif
  Rentes viagères à titre onéreux
- ☐ Autres revenus tels que
  Gains de levée d'options
  Revenus exonérés
  Revenus exceptionnels ou différés
- ☑ Revenus des valeurs et capitaux mobiliers
- ☐ Plus-values et gains divers
- ☐ Revenus fonciers

Options de formulaires de déclaration de revenus (source : www3.finances.gouv.fr)

---

[84] En France pour un résident français

Le remplissage du formulaire idoine est rendu aisé par « l'Imprimé Fiscal Unique » ou « IFU » qui vous est adressé par votre banque ou courtier chaque année.

Cet IFU sert à récapituler l'ensemble des revenus de capitaux mobiliers versés et l'ensemble des opérations sur valeurs mobilières effectuées :

TYPE DE REVENU	ZONE	MONTANT EN EURO
Produits d'assurance-vie et de capitalisation soumis au prélèvement libératoire de 7,5%	2DH	
Produits de placement soumis aux prélèvements libératoires autres que ceux indiqués ligne 2DH	2EE	0,00
REVENUS OUVRANT DROIT À ABATTEMENT *(ne le déduisez pas)*		
Revenus des actions et parts *(crédit d'impôt inclus)*	2DC	7.827,00
Revenus imposables des titres non cotés détenus dans le PEA	2FU	
Produits des contrats d'assurance-vie et de capitalisation d'une durée au moins égale à 6 ou 8 ans	2CH	
REVENUS N'OUVRANT PAS DROIT À ABATTEMENT		
Produits des contrats d'assurance-vie d'une durée inférieure à 8 ans et distributions	2TS	
Revenus réputés distribués et revenus des structures soumises hors de France à un régime fiscal privilégié	2GO	
Produits de placement à revenu fixe	2TR	0,00
Produits de placement à revenu fixe n'excédant pas à 2 000 € taxable sur option à 24 %	2FA	
AUTRES		
Revenus des soumis aux prélèvements sociaux sans CSG déductible	2CG	
Revenus indiqués ci-dessus déjà soumis aux prélèvements sociaux avec CSG déductible	2BH	7.827,00
Frais et charges déductibles	2CA	
Crédit d'impôt égal au prélèvement forfaitaire déjà versé	2CK	1.393,00
Crédit d'impôt sur valeurs étrangères	2AB	1.073,00
Crédit d'impôt directive épargne et autres crédits d'impôt restituables	2BG	0,00
Impatriés : abattement de 50% sur les revenus de capitaux mobiliers perçus à l'étranger	2DM	

Extrait d'IFU envoyé par Binck

Les cases de l'IFU ont l'avantage de correspondre aux cases du formulaire de la déclaration d'impôts et donc il suffit d'en reporter les montants :

REVENUS DES VALEURS ET CAPITAUX MOBILIERS		
Vos revenus des valeurs et capitaux mobiliers		
Produits des contrats d'assurance-vie et de capitalisation soumis au prélèvement libératoire au taux de 7,5%	2DH	
Produits de placement soumis aux prélèvements libératoires autres que ceux indiqués ligne 2DH	2EE	
Vos revenus des valeurs et capitaux mobiliers ouvrant droit à abattement (ne les déduisez pas)		
Revenus des actions et parts	2DC	7827
Revenus imposables des titres non cotés détenus dans le PEA et distributions perçues via votre entreprise	2FU	
Produits des contrats d'assurance-vie et de capitalisation d'une durée au moins égale à 6 ans ou 8 ans	2CH	
Vos revenus des valeurs et capitaux mobiliers n'ouvrant pas droit à abattement		
Produits des contrats d'assurance-vie d'une durée inférieure à 8 ans et distributions	2TS	
Revenus réputés distribués et revenus des structures soumises hors de France à un régime fiscal privilégié	2GO	
Produits de placement à revenu fixe	2TR	
Produits de placement à revenu fixe n'excédant pas à 2 000 € taxable sur option à 24 %	2FA	
Vos autres revenus des valeurs et capitaux mobiliers		
Revenus déjà soumis aux prélèvements sociaux sans CSG déductible	2CG	
Revenus indiqués ci-dessus déjà soumis aux prélèvements sociaux avec CSG déductible	2BH	7827
Frais et charges déductibles	2CA	
Crédit d'impôt égal au prélèvement forfaitaire déjà versé	2CK	1393
Crédits d'impôt sur valeurs étrangères	2AB	1073
Crédits d'impôt « directive épargne » et autres crédits d'impôt restituables	2BG	

Formulaire de déclaration de revenus de capitaux mobiliers (source : www3.finances.gouv.fr)

Les montants peuvent même être prérenseignés, par le biais des informations transmises par votre banque/courtier à l'administration fiscale.

Si vous avez plusieurs comptes titres auprès de plusieurs banques/courtiers, vous aurez plusieurs IFU, il vous suffit alors d'additionner les montants des cases.

Pouvons-nous faire une confiance aveugle à l'IFU ?

Nous pourrions penser qu'un document produit par un établissement bancaire, destiné *in fine* à être transmis à l'administration fiscale est nécessairement exempt d'erreurs…

Hélas, non !

Une erreur fréquente concerne la case **2AB**. Celle-ci fait référence au crédit d'impôt[85] destiné à compenser l'impôt à la source sur les actions étrangères, vu au chapitre « 2.5 – Dividende ».

Plusieurs fois, nous[86] avons relevé une case **2AB** à zéro ou pire avec un nombre anormalement bas.

Ce type d'erreur étant à votre détriment, vous avez intérêt à être particulièrement vigilant.

Si avant prélèvements sociaux et taxes, le montant des dividendes de vos actions américaines ou canadiennes est, par exemple, de 5 000 € à l'année, le montant attendu dans la case **2AB** est de l'ordre de 750 €[87].

D'autre part, en vertu des conventions fiscales relatives à la double imposition, les dividendes américains et canadiens ouvrent droit à l'abattement et doivent être placés dans la case **2DC**.

Doit-on remplir le formulaire 2047 ?

Le formulaire 2047, de déclaration des revenus encaissés à l'étranger, n'a pas à être complété, car l'utilisation de la case **2AB**, associée à un IFU, est suffisante dans le cadre de dividendes d'actions étrangères cotées.

---

[85] Il s'agit d'un crédit d'impôt non restituable, donc en fait d'une réduction d'impôts.

[86] Des membres des forums de l'investisseur heureux (www.devenir-rentier.fr) et moi-même

[87] 5 000 € × 15% = 750 €

Mon courtier ne fournit pas d'IFU !

Les établissements bancaires ou succursales de droit français fournissent tous un IFU.

Par contre, les courtiers étrangers, comme Interactive Brokers aux États-Unis, n'en fournissent pas.

C'est à vous alors de calculer tous les montants à déclarer et conserver l'ensemble des pièces justificatives afférentes.

Déclarer ses plus ou moins-values

Si vous avez cédé des titres de foncières cotées, en plus des dividendes, vous aurez à déclarer votre plus-value ou à reporter votre moins-value.

Il n'y a pas d'impôt à payer sur une moins-value, mais comme nous l'avons vu au chapitre « 2.4 – Frais et taxes financières » son report permet une déduction sur une future plus-value, donc ne négligez pas le report sur votre déclaration.

Les plus ou moins-values sont à déclarer dans la catégorie des « Plus-values et gains divers » :

- [ ] Traitements, salaires, prime pour l'emploi y compris salaires exonérés de source étrangère retenus pour le calcul du taux effectif
- [ ] Pensions, retraites, rentes y compris pensions exonérées de source étrangère retenues pour le calcul du taux effectif
  Rentes viagères à titre onéreux
- [ ] Autres revenus tels que
  Gains de levée d'options
  Revenus exonérés
  Revenus exceptionnels ou différés
- [ ] Revenus des valeurs et capitaux mobiliers
- [x] Plus-values et gains divers
- [ ] Revenus fonciers

Options de formulaires de déclaration de revenus (source : www3.finances.gouv.fr)

Cette fois encore, vous n'aurez qu'à reporter dans le formulaire correspondant de la déclaration d'impôts, les cases de l'IFU fourni par votre établissement bancaire :

A REPORTER SUR VOTRE DECLARATION		
Profits ou gains	3VG	0,00
Abattement sur profits ou gains	3SG	1.017,00
Pertes	3VH	1.480,00
Abattement sur pertes	3SH	0,00

Extrait d'IFU envoyé par Binck

Gains de cessions de valeurs mobilières, de droits sociaux et assimilés		
Plus-value imposable	3VG	
Perte 2013	3VH	1480
Abattement net pour durée de détention appliqué		
sur des plus-values	3SG	1017
sur des moins-values	3SH	
Abattement net pour durée de détention renforcé appliqué		
sur des plus-values	3SL	
sur des moins-values	3SM	

Formulaire de déclaration de revenus de capitaux mobiliers (source : www3.finances.gouv.fr)

Résumé

La déclaration des revenus ou plus-values de vos foncières cotées consiste essentiellement à reporter les montants de votre IFU.

Les courtiers étrangers ont l'inconvénient de ne pas communiquer d'IFU.

L'IFU peut comporter des erreurs et doit être vérifié, au moins en terme d'ordre de grandeur, notamment la case 2AB.

Partie 3 :

Qualités d'une foncière cotée

Introduction

Précédemment, pour constituer nos portefeuilles de foncières cotées, nous avons sélectionné les sociétés sans analyse particulière, nous concentrant sur la diversification et les foncières les plus importantes en terme de capitalisation boursière.

En effet, sur les plus grosses foncières, le risque ne porte pas sur l'erreur opérationnelle, car elles sont généralement bien gérées, mais plutôt sur l'environnement économico-financier, et d'un investissement dans celles-ci quand les cours de bourse sont exagérément hauts.

La diversification géographique limite le premier risque et l'investissement progressif[88] limite le second.

Toutefois, dans le cas où vous souhaiteriez investir dans des foncières plus petites, ou avec une gestion plus opportuniste, ou encore pour mieux comprendre le fonctionnement des sociétés immobilières, nous allons nous attacher ici aux caractéristiques intrinsèques de celles-ci, par ordre d'importance[89].

---

[88] cf. le chapitre « 5.2 – Lisser ses investissements » de mon précédent livre « Devenir rentier en dix ans ».

[89] D'après moi, d'autres pourront avoir une opinion différente.

Chapitre

1

Gestion internalisée ou externalisée

L'internalisation (*self-administered REIT* ou *internally managed REIT*) ou non (*externally managed REIT*) de la gestion est un point fondamental, dont nous pouvons sentir la problématique avec ces aphorismes sur les quatre façons de dépenser l'argent, par l'économiste libéral Milton Friedman :

Vous pouvez dépenser votre propre argent ou celui de quelqu'un d'autre et vous pouvez dépenser votre argent pour vous-même ou pour quelqu'un d'autre.

- Quand vous dépensez votre argent pour vous-même, vous faites attention autant à ce que vous dépensez qu'à la manière dont vous le dépensez.

- Quand vous dépensez votre argent pour quelqu'un d'autre (un cadeau, par exemple), vous faites toujours très attention à ce que vous dépensez (combien) et un peu moins à la manière dont vous le dépensez (comment).

- Quand vous dépensez l'argent de quelqu'un d'autre pour vous acheter quelque chose (par exemple, un repas d'affaires), le « combien vous dépensez » vous importe peu ; en revanche, vous faites très attention au « comment » et vous êtes très attentif au fait que vous en avez ou non pour votre argent.

- Mais quand vous dépensez l'argent de quelqu'un d'autre au profit d'une autre personne que vous, ni le « combien » ni le « comment » n'ont vraiment d'importance. C'est ce qui se passe avec l'État.

En France, nos SCPI ont toutes une gestion externalisée, c'est-à-dire qu'une société tierce est rémunérée pour assurer la gestion du patrimoine immobilier détenue par la société immobilière et donc ses actionnaires.

La société de gestion est rémunérée environ 8 à 10% des loyers perçus et sur les frais de cession ou souscription – dont une partie est rétrocédée au conseiller financier si vous êtes passé par un intermédiaire.

Si juridiquement la gérance est aux ordres des actionnaires, en pratique, ce type de rémunération est de nature à créer des conflits et divergences d'intérêts.

En effet, l'objectif tacite de la gérance est de faire grossir le patrimoine à tout prix, par exemple en multipliant les augmentations de capital, afin de maximiser ses honoraires : peu importe que ces opérations soient dilutives pour les actionnaires existants et pénalisent les dividendes futurs.

Par exemple, la SCPI diversifiée Atlantique Pierre 1 a vu son dividende s'effondrer, conséquence d'une mauvaise gestion et gouvernance :

EVOLUTION DU DIVIDENDE ET DU PRIX DE PART

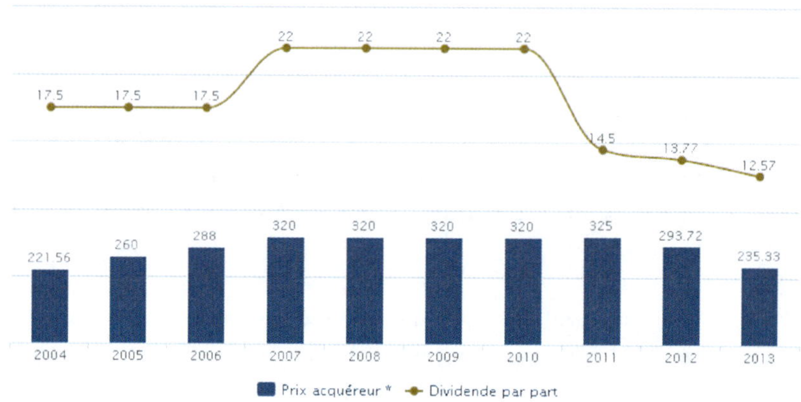

	2004	2005	2006	2007	2008	2009	2010	2011	2012	2013
Prix acquéreur *	221,56€	260,00€	288,00€	320,00€	320,00€	320,00€	320,00€	325,00€	293,72€	235,33€
Dividende par part	17,50€	17,50€	17,50€	22,00€	22,00€	22,00€	22,00€	14,50€	13,77€	12,57€
RAN / part	11,11€	14,94€	19,10€	23,68€	21,73€	16,44€	11,83€	2,40€	1,17€	0,83€

Évolution du dividende et du prix de part de la SCPI Atlantique Pierre 1
(source : www.primaliance.com)

Un autre potentiel conflit d'intérêts est lié à la détention d'immeubles en propre par la société de gestion, qui peut être tentée de « refourguer » les immeubles moins intéressants à la gestion pour compte de tiers et conserver les meilleurs pour elle-même.

Qu'en est-il des foncières cotées ?

Aujourd'hui, les sociétés immobilières cotées américaines ou européennes ont presque toutes une gestion internalisée qui favorise un meilleur alignement des objectifs de la gérance et ceux des actionnaires.

Quant aux quelques foncières qui conservent une gestion externalisée, comme Senior Housing Properties Trust, Hospitality Properties Trust et Government Properties Income Trust gérées par Reit Management & Research, elles sont « pénalisées » en traitant souvent avec une décote par rapport à leurs pairs.

Le cas des foncières hongkongaises est particulier, puisque la législation impose une distinction entre le Trust Manager et le Property Manager, donc une gestion externalisée de fait. Mais l'alignement des intérêts peut être maintenu par des honoraires établis selon le principe de recouvrement des coûts, la détention d'actions de la foncière par l'équipe de direction de la société de gérance et un conseil de surveillance impliqué. C'est le cas, par exemple, de Link REIT.

Un argument en faveur de la gestion externalisée peut concerner les foncières plus petites, par exemple en deçà de 300 millions d'euros de capitalisation, où en proportion une internalisation coûterait plus chère que des honoraires de gestion. Mais, mon point de vue est plutôt qu'une foncière cotée trop petite n'a pas de raison d'être.

Résumé

Une gestion internalisée favorise l'alignement des intérêts des dirigeants avec les actionnaires et est généralement préférable à une gestion externalisée.

La plupart des foncières cotées ont une gestion internalisée.

Chapitre

2

Taux d'occupation

Un critère simple pour évaluer la qualité du portefeuille d'immeubles d'une foncière cotée est l'évolution de son taux d'occupation.

Le taux d'occupation (*occupancy rate*) est le nombre d'immeubles occupés divisé par le nombre d'immeubles total, exprimé en pourcentage. Son antonyme est le taux de vacance (*vacancy rate*).

Parfois, le terme de taux d'occupation financier (*economic occupancy rate*) est utilisé, c'est le cumul des loyers des immeubles occupés divisé par le cumul des loyers des immeubles occupés ajouté des loyers potentiels des immeubles vacants.

Celui de Realty Income est un modèle du genre, avec un taux d'occupation quasi systématiquement supérieur à 98% depuis 1992 :

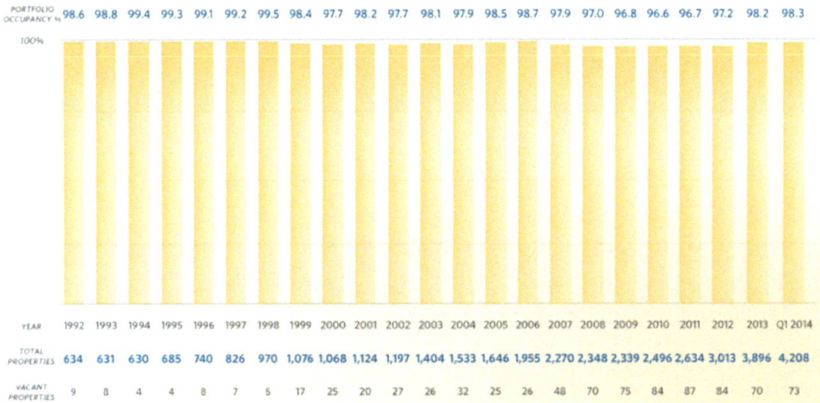

Évolution du taux d'occupation de Realty Income (source : www.realtyincome.com)

Celui de la foncière française de bureaux Affine est moins engageant :

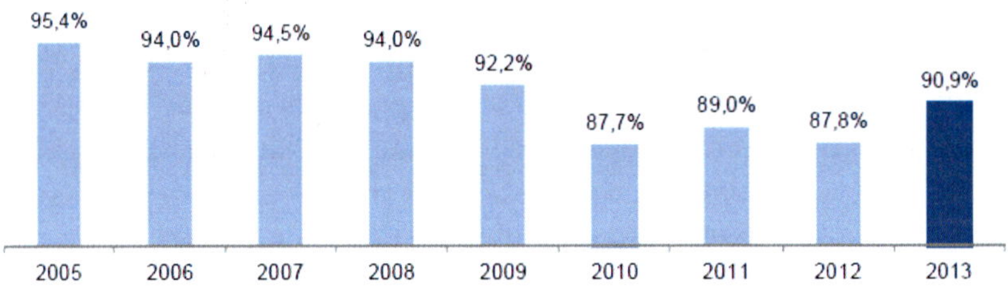

Évolution du taux d'occupation d'Affine (source : www.affine.fr)

La comparaison est toutefois biaisée, car il est plus facile d'obtenir un taux d'occupation élevé et stable avec un patrimoine de murs de magasin et des baux à vingt ans, qu'avec des bureaux et des baux à cinq ans.

Mais justement, est-ce que cela ne met pas en exergue que des secteurs comme les murs de magasin ou les immeubles de santé sont plus intéressants pour l'investisseur recherchant des dividendes pérennes et fiables ?

Le fait est que les immeubles détenus par Affine ont particulièrement été impactés par la crise de 2009 et n'ont toujours pas retrouvé leur taux d'occupation pré-crise.

Un taux d'occupation inférieur à 90% ou en baisse de plus de 200 points[90] en base annuelle peut être le signe d'un patrimoine d'immeubles de qualité moindre et de difficultés opérationnelles.

L'inverse est vrai également, sauf si le taux d'occupation est maintenu « artificiellement » élevé en « bradant » des immeubles vacants.

Notons qu'un taux d'occupation élevé tient essentiellement aux emplacements des immeubles sous-jacents, il n'y a pas de miracle.

Des immeubles en ville, dans des zones recherchées, densément peuplées, avec des résidents ayant un pouvoir d'achat élevé, une démographie en croissance, des contraintes de construction, et desservies par de multiples sources de transports, ont toutes les chances d'être toujours occupés, quitte à négocier le loyer.

Des immeubles en banlieue, dans des zones peu recherchées, faiblement peuplées, avec des résidents à faible pouvoir d'achat, une démographie en baisse, aucune barrière à l'entrée pour de nouvelles

[90] En finance, les écarts entre pourcentage s'expriment en points : 200 points représente l'écart par exemple entre 90% et 92%.

constructions, et desservies par une seule source de transport, peuvent ne jamais être occupés, même avec un loyer modique.

Le raisonnement s'applique à l'identique aux collectivités de maisons préfabriquées et parcs à caravanes, mais cette fois-ci avec un emplacement en bord de mer dans les régions les plus ensoleillés ; aux plateformes logistiques, avec un emplacement proche des plus gros hubs logistiques ; aux résidences étudiantes, avec un emplacement proche des meilleures universités, etc.

<u>Résumé</u>

Un taux d'occupation stable et élevé présage d'un patrimoine de qualité et/ou bien situé.

Chapitre 3

Taille

Plus c'est gros, meilleur c'est, en tout cas pour les foncières cotées…

Une capitalisation boursière et un patrimoine d'immeubles important permet :

- **d'obtenir des économies d'échelle dans les coûts de gestion et de cotation et donc une rentabilité plus élevée,**
- **d'avoir accès à des sources de financement variées et moins coûteuses, comme le marché obligataire,**
- **de saisir plus facilement les opportunités de marché, avec la possibilité d'acquérir rapidement les immeubles les plus chers, où la concurrence peut être moins importante,**
- **de faciliter la diversification des risques locatifs, avec pour conséquence une stabilité accrue des profits et du dividende versé aux actionnaires,**

- **de détenir un patrimoine suffisamment vaste pour procéder à des arbitrages d'actifs,**
- **d'attirer des collaborateurs ou partenaires de haut niveau en leur proposant une rémunération élevée et un environnement de travail stimulant,**
- **d'augmenter la liquidité du titre en bourse,**
- **d'améliorer la gouvernance par la présence d'investisseurs institutionnels au capital.**

Un cas d'école est celui de Public Storage, dont vous voyez ici l'évolution de la capitalisation boursière par rapport à Extra Space Storage, CubeSmart et Sovran Self Storage :

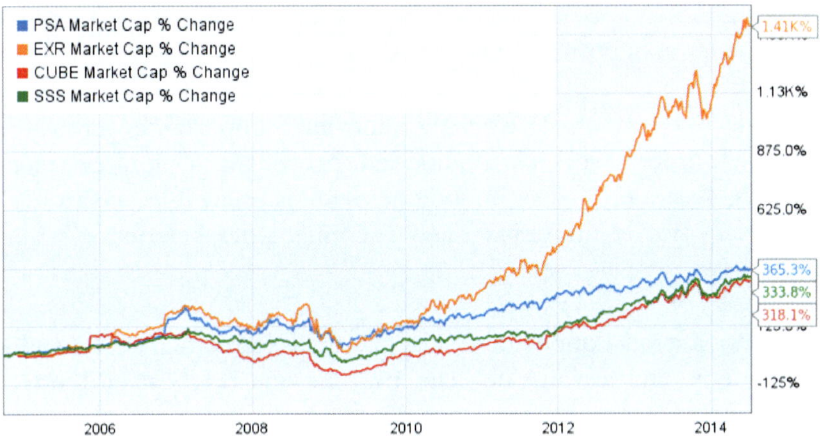

Évolution des capitalisations boursières de Public Storage et de ses pairs (source : http://ycharts.com)

Cette évolution, qui s'écarte complètement de celle de ses pairs à partir de 2010, a suivi tendanciellement celles des profits et actifs gérés.

Aujourd'hui, Public Storage bénéficie d'importantes économies d'échelles, notamment marketing : une campagne publicitaire lui coûte moins chère en proportion du nombre d'installations de box de stockage possédées. De plus, la multiplication de celles-ci lui assure de fait une autopromotion.

Ceci créé un cercle vertueux : plus de publicité, plus de clients, plus d'argent, plus d'installations de box de stockage, plus de publicité, etc.

Dans le domaine de l'hôtellerie, la taille d'Accor est un atout : elle permet de mettre en place des programmes de fidélisation et vous garantit de trouver rapidement un hôtel partout à un prix « sans surprise », plutôt que passer du temps à dépiler la liste des hôtels des pages jaunes et appeler pour savoir s'il y a des chambres disponibles et à quelles conditions tarifaires.[91]

Au-delà des économies d'échelle, une taille importante permet de faire « tourner » son patrimoine en procédant à des arbitrages d'actifs, c'est-à-dire céder périodiquement les immeubles « matures » pour acquérir de nouveaux biens présentant des perspectives plus attrayantes.

Imaginons avoir l'opportunité d'acquérir un lot de deux immeubles prestigieux en dessous de leur prix de marché, car à rénover complètement, pour 200 millions d'euros.

Une foncière qui détient un patrimoine de plusieurs milliards d'euros pourra financer l'opération avec sa trésorerie et un prêt à

---

[91] Cet avantage concurrentiel est attaqué par le site de réservation www.booking.com : avec un seul point d'entrée, vous avez accès à de nombreux hôtels partout dans le monde et des prix les plus bas possible.

court terme, qu'elle refinancera ensuite en combinant la cession d'immeubles moins intéressants et l'émission de dettes à long terme. Compte tenu des loyers perçus sur le reste de son patrimoine, elle peut supporter deux immeubles vacants le temps de leur redéveloppement.

Une foncière qui détient un patrimoine de seulement 50 millions d'euros aura des difficultés à financer l'opération et de toute façon ne pourra jamais supporter une vacance sur les deux tiers de son patrimoine : ses profits s'écrouleraient[92], comme son dividende et probablement son cours de bourse.

La gigantesque foncière Simon Property Group montre la puissance de sa taille, avec 1,6 milliard de dollars de loyers encaissés et 865 millions de profit… sur le seul premier trimestre 2014 ![93] Elle pourrait donc « techniquement »[94] acquérir sur fonds propres et sans partenaire un centre commercial prestigieux comme celui de Beaugrenelle chaque trimestre.

Résumé

Une taille importante a de multiples atouts pour une foncière cotée.

---

[92] Sur les deux nouveaux immeubles, la foncière devra à la fois payer les intérêts d'emprunt et les travaux de mise en valeur, pendant qu'elle n'encaissera pas de loyers.

[93] Source : http://investors.simon.com

[94] En l'absence de dividende versé à ses actionnaires

Chapitre

4

Portefeuille de locataires

Diversité des locataires

Une foncière cotée peut afficher un taux d'occupation élevé sur plusieurs années, mais pour autant présenter un risque locatif réel si sa dépendance à quelques locataires ou à une industrie en particulier est trop importante.

Par exemple, les dix plus importants locataires de Realty Income assurent 37% de ses loyers :

The largest tenants based on percentage of total portfolio rental revenue at March 31, 2014 include the following:

Walgreens	5.4%	Northern Tier Energy/Super America	2.3%
FedEx	5.2%	Rite Aid	2.0%
Dollar General	5.0%	Regal Cinemas	2.0%
Family Dollar	4.7%	CVS Pharmacy	2.0%
LA Fitness	4.6%	The Pantry	1.7%
AMC Theatres	2.9%	Circle K	1.6%
Diageo	2.8%	Walmart/Sam's Club	1.5%
BJ's Wholesale Clubs	2.7%		

Principaux locataires de la foncière Realty Income (source : www.realtyincome.com)

Sa consoeur, American Realty Capital Properties dépend à 32% de ses dix principaux locataires, mais d'un énorme 12% pour le premier, la chaîne de restaurant de fruits de mer Red Lobster :

Tenant	% of Rent(1)	Rating
RED LOBSTER	12.2%	NR
Walgreens	3.5%	BBB
CVS/pharmacy	2.7%	BBB+
DOLLAR GENERAL	2.6%	BBB-
FedEx	2.4%	BBB
Albertsons	1.9%	B
FAMILY DOLLAR	1.9%	BBB-
Citizens Bank	1.8%	A-
at&t	1.8%	A-
BJ's	1.5%	B-

Principaux locataires d'American Realty Capital Properties (source : www.arcpreit.com)

Red Lobster connaît par ailleurs des difficultés opérationnelles, donc une faillite n'est pas exclue. Si cela arrivait, en attendant une éventuelle relocation des 500 emplacements, les loyers perçus par la foncière seraient amputés de 12%, entraînant probablement une baisse du dividende.

De fait, sur les marchés boursiers, ARCP décote [trop ?] par rapport à Realty Income, car les acteurs de marché n'apprécient pas cette incertitude.

En plus d'avoir des locataires nominativement diversifiés, il est souhaitable qu'ils appartiennent à des industries variées, car elles ne seront pas toutes impactées en même temps en cas de changement d'environnement économico-financier – pensez à la concurrence nouvelle du e-commerce sur les magasins d'électronique et les libraires.

Notons que les foncières de santé peuvent présenter une forte concentration de locataires, car le secteur des opérateurs des maisons de repos est dominé par de gros acteurs : HCR ManorCare, Emeritus, Sunrise Senior Living et Brookdale Senior Living.[95]

<u>Solidité des locataires</u>

Les difficultés financières, voire la faillite d'une société-locataire, pourraient sembler peu gênantes puisque la foncière possède toujours l'immeuble et qu'il « suffit » donc de retrouver un locataire pour revenir à la situation initiale.

---

[95] La concentration continue puisqu'Emeritus et Brookdale Senior Living sont en cours de fusion.

Cependant :

- avant le départ effectif du locataire, il y aura des loyers impayés,
- rechercher un nouveau locataire a un coût,
- pendant la vacance de l'immeuble les loyers ne sont plus perçus, alors même que la charge des emprunts est toujours là,
- la foncière n'est pas sûre de relouer au même loyer,
- un immeuble vacant « vaut » moins qu'un immeuble loué si la foncière devait le céder.

Les agences de notation Standard & Poor's, Moody's ou Fitch Ratings, attribuent des notes aux États et aux entreprises, selon leur qualité de crédit ou plus simplement, selon leur santé financière.

La grille de notation varie légèrement selon les agences, mais partage les mêmes systèmes de notation à base de lettres.

Voici la grille de Standard & Poor's[96] :

Catégorie « Investissement » (*investment grade*)	
Note	**Description**
AAA	Aptitude extrêmement forte à remplir ses obligations financières
AA	Aptitude très forte à remplir ses obligations financières
A	Forte aptitude à remplir ses obligations financières, mais une certaine sensibilité aux effets défavorables des changements de conditions économiques
BBB	Aptitude suffisante à remplir ses obligations financières, mais une sensibilité plus grande aux effets défavorables des changements de conditions économiques

[96] Source : www.standardandpoors.com/ratings/france/en/eu

BBB-	Considérée comme la note la plus basse de la catégorie Investissement par les acteurs de marché

Catégorie « Spéculative » (*non investment grade* ou *rated*)	
BB+	Considéré comme la note la plus haute de la catégorie Spéculative par les acteurs de marché
BB	Peu vulnérable à court terme, mais confronté à des incertitudes majeures et persistantes du fait des conditions économiques et financières favorables
B	Vulnérabilité accrue aux conditions économiques et financières défavorables, mais aptitude à faire face à ses engagements dans l'immédiat
CCC	Vulnérabilité dans l'immédiat. Aptitude à faire face à ses engagements dépendants des conditions économiques et financières défavorables
CC	Très grande vulnérabilité dans l'immédiat
C	Prodédure de mise en faillite ou assimilée engagée, mais sans interruption des engagements financiers
D	Défaut de paiement des engagements financiers

Si la réputation des agences a été écornée par le scandale des crédits hypothécaires à risques (*subprime*) aux États-Unis en 2008, en pratique, leurs notations sont toujours très regardées.

D'ailleurs, c'est une bonne pratique pour les foncières cotées de communiquer sur la notation de leurs locataires, comme ici American Realty Capital Properties, dont nous avions vu dans la capture d'écran précédente que 52% de ses dix premiers locataires étaient de catégorie « Investissement » :

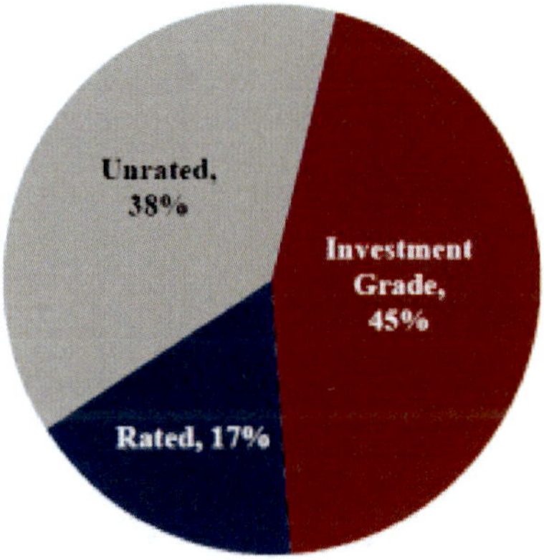

Notation financière des locataires d'American Realty Capital Properties (source : www.arcpreit.com)

Le terme « Unrated » signifie que les sociétés-locataires n'ont pas de notation, ce qui est généralement le cas des « petites » sociétés.[97]

Le terme « Rated » est un euphémisme pour la catégorie « Spéculative ».

[97] Ce sont les sociétés elles-mêmes qui payent les agences pour être notées et pouvoir communiquer sur cette notation dans le cadre de levées de fonds.

Les locataires de la foncière d'immeubles-laboratoires Alexandria Real Estate Equities sont plus solides, avec 82% de catégorie « Investissement » pour les vingt premiers et 50% sur l'ensemble :

	Client Tenant	Remaining Lease Term in Years [1]	Aggregate RSF	Percentage of Aggregate Total RSF	ABR	Percentage of Aggregate ABR	Investment-Grade Ratings		
							Fitch	Moody's	S&P
1	Novartis AG	3.4	692,256	4.0%	$ 33,469	6.7%	AA	Aa3	AA-
2	Illumina, Inc.	17.8	497,078	2.8	19,531	3.9	—	—	—
3	New York University	16.7	205,609	1.2	18,950	3.8	—	Aa3	AA-
4	Roche	6.1	409,734	2.3	18,671	3.8	AA	A1	AA
5	United States Government	9.5	399,633	2.3	17,790	3.6	AAA	Aaa	AA+
6	Bristol-Myers Squibb Company	7.0	419,624	2.4	15,840	3.2	A-	A2	A+
7	Biogen Idec Inc.	14.4	313,872	1.8	14,731	3.0	—	Baa2	A-
8	Eli Lilly and Company	9.9	257,119	1.5	14,563	2.9	A	A2	AA-
9	FibroGen, Inc.	9.9	234,249	1.3	14,197	2.9	—	—	—
10	GlaxoSmithKline plc	5.6	208,394	1.2	10,149	2.0	A+	A1	A+
11	Amgen Inc.	9.3	294,373	1.7	9,675	1.9	BBB	Baa1	A
12	Celgene Corporation	7.5	250,586	1.4	9,361	1.9	—	Baa2	BBB+
13	Massachusetts Institute of Technology	3.7	185,403	1.1	8,499	1.7	—	Aaa	AAA
14	The Regents of the University of California	7.7	188,654	1.1	7,787	1.6	AA+	Aa1	AA-
15	Alnylam Pharmaceuticals, Inc.	2.8	129,424	0.7	6,081	1.2	—	—	—
16	Gilead Sciences, Inc.	6.5	109,969	0.6	5,824	1.2	—	Baa1	A-
17	Pfizer Inc.	5.2	116,518	0.7	5,502	1.1	A+	A1	AA
18	Theravance, Inc. [2]	6.4	150,256	0.9	5,494	1.1	—	—	—
19	Partners HealthCare System, Inc.	13.4	101,035	0.6	5,350	1.1	AA	Aa2	AA
20	The Scripps Research Institute	2.9	101,775	0.6	5,200	1.0	AA+	Aa3	—
	Total/weighted average	8.7	5,265,561	30.2%	$ 246,664	49.6%			

Notation financière des locataires d'Alexandria Real Estate Equities (source : http://investor.are.com)

Durée des baux

Un locataire ne reste pas nécessairement indéfiniment au même endroit, particulièrement pour les immeubles résidentiels ou de bureaux.

Avant l'échéance du bail, la foncière va donc négocier avec le locataire le renouvellement de celui-ci ou chercher un nouvel occupant si l'actuel ne compte pas rester.

C'est pourquoi, **en plus d'avoir une base de locataires diversifiée, il est prudent d'avoir des fins de bail aussi étalées que possible, afin d'éviter la situation où une majorité de baux**

arriveraient à terme au même moment et donc une possibilité de vacance sur un nombre important d'immeubles.

Voici, par exemple, l'échéancier des baux sur les cinq prochaines années de Cominar :

BAUX VENANT À ÉCHÉANCE

	2014	2015	2016	2017	2018
Bureaux					
Superficie locative (pieds carrés)	2 514 000	2 125 000	1 750 000	1 494 000	1 409 000
Loyer net moyen/pied carré ($/pied carré)	13,01	13,15	13,98	13,84	13,15
% du portefeuille – Bureaux	19,3	16,3	13,4	11,5	10,8
Commercial					
Superficie locative (pieds carrés)	846 000	744 000	748 000	895 000	1 420 000
Loyer net moyen/pied carré ($/pied carré)	13,05	14,48	16,30	13,12	11,52
% du portefeuille – Commercial	10,7	9,4	9,5	11,3	18,0
Industriel et polyvalent					
Superficie locative (pieds carrés)	2 395 000	2 740 000	2 009 000	1 911 000	1 442 000
Loyer net moyen/pied carré ($/pied carré)	5,83	5,66	5,98	6,26	6,54
% du portefeuille – Industriel et polyvalent	14,8	16,9	12,4	11,8	8,9
Total du portefeuille					
Superficie locative (pieds carrés)	5 755 000	5 609 000	4 507 000	4 300 000	4 271 000
Loyer net moyen/pied carré ($/pied carré)	10,03	10,06	10,80	10,32	10,37
% du portefeuille	15,5	15,1	12,1	11,6	11,5

Échéancier des baux de Cominar (source : www.cominar.com)

La moyenne pondérée des échéances nous donne la durée moyenne résiduelle des baux, ici de 4,4 années au début 2014 :

	Durée résiduelle moyenne (années)	Superficie moyenne occupée par client (pieds carrés)	Loyer net moyen /pied carré ($)
Bureaux	3,6	6 400	13,66
Commercial	4,7	3 900	12,88
Industriel et polyvalent	4,6	12 700	5,90
Moyenne portefeuille	**4,3**	**7 000**	**10,15**

Durée moyenne résiduelle des baux de Cominar (source : www.cominar.com)

Le renouvellement du bail permet la renégociation des conditions locatives, avec la possibilité d'une hausse ou d'une baisse de loyer.

Ainsi, **dans un contexte économique dynamique, associé à une forte demande locative, une durée résiduelle des baux courte pourra être un atout – car elle permet une croissance rapide des loyers – et une durée élevée une contrainte**.

A contrario, **dans un contexte économique morose, associé à une faible demande locative, une durée résiduelle des baux courte est un risque – car elle peut présager d'une hausse de la vacance ou d'une baisse des loyers – alors qu'une durée élevée est un atout**.

Ce graphique met en exergue les fluctuations des loyers aux États-Unis, qui ont pu avantager – de 2004 à 2008, – ou désavantager – de 2007 à 2009, – les propriétaires d'immeubles dont les baux arrivaient à échéance dans ces périodes :

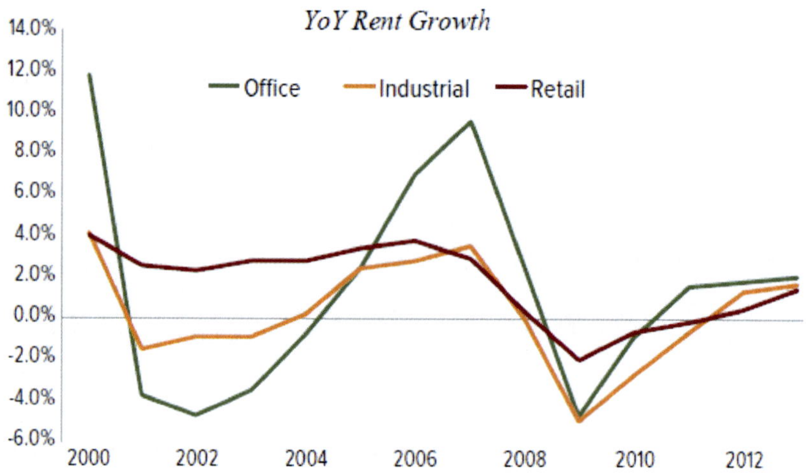

Évolution des loyers des bureaux, immeubles industriels et logistiques et commerces et centres commerciaux aux États-Unis (sources : REIS, ARCP)

Résumé

Idéalement, nous voulons des locataires :

- nombreux, représentant au plus quelques pour cent des loyers totaux,
- solides, comme les grosses sociétés rentables que sont Total, Sanofi, L'Oréal, etc. ou les organismes d'État,
- d'industries variées, qui ne seront pas impactées en même temps, en tout cas nous l'espérons, en cas de changement d'environnement économico-financier.

Un échéancier des baux étalé et éloigné présente moins d'incertitudes qu'un échéancier de baux rapproché, mais peut être une contrainte dans un environnement économique très dynamique.

Chapitre

5

Endettement

La quasi-totalité des foncières utilise le levier de l'endettement et s'endette avec des emprunts *in fine*.

Ratio d'endettement

Le ratio prêt-valeur (*Loan-to-Value*) est le montant de la dette nette[98] divisé par la valeur du patrimoine et s'exprime en pourcentage.

Un ratio prêt-valeur en deçà de 45% est préférable, car il réduit les risques financiers. Au-delà, les immeubles détenus doivent être de qualité, car des vacances locatives durables pourront compromettre la capacité de la foncière à rembourser sa dette et même obérer ses choix de gestion futurs.

[98] Dette nette = endettement - trésorerie

Notons que depuis la crise 2009, la tendance générale est plutôt à la baisse du ratio prêt-valeur, comme illustrée par Affine :

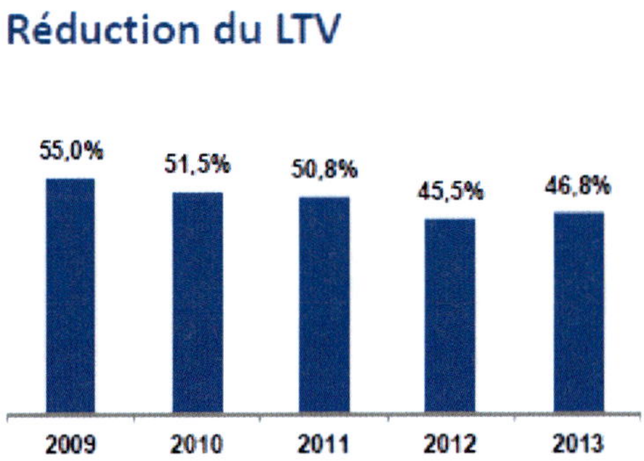

Évolution du ratio prêt-valeur d'Affine (source : www.affine.fr)

C'est une excellente chose pour les foncières cotées, car elles ont vocation à être des placements de rendement non spéculatifs.

Maturité de la dette

Au-delà du montant de l'endettement, comme les emprunts sont essentiellement *in fine*, il importe que les échéances de remboursement ne soient pas trop rapprochées, de façon à permettre à la foncière de les faire « rouler », c'est-à-dire d'en souscrire de nouveaux, plus éloignés, pour rembourser les anciens, plus proches.

Voici, par exemple, les emprunts de Société de la Tour Eiffel :

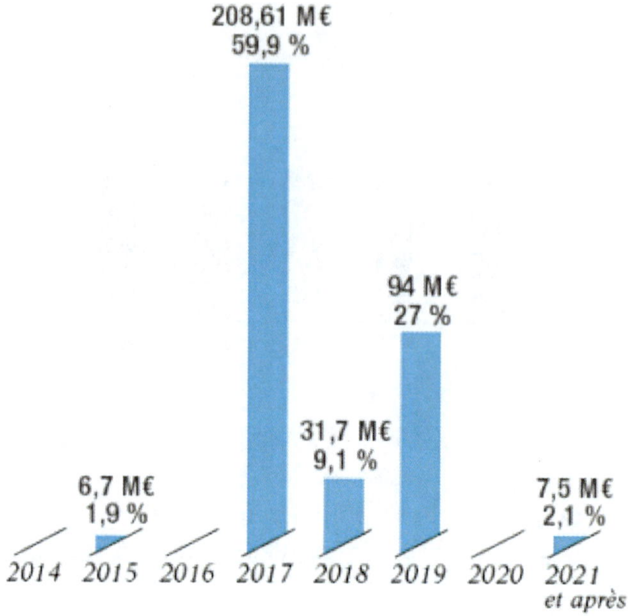

Échéancier d'endettement de Société de la Tour Eiffel (source : www.societetoureiffel.com)

La moyenne pondérée des remboursements nous donne la durée de vie moyenne de l'endettement, ici de 4,4 années fin 2013.

Cominar présente un échéancier plus homogène, avec une maturité moyenne de 4,8 ans :

REMBOURSEMENTS DES EMPRUNTS HYPOTHÉCAIRES

Exercices se terminant les 31 décembre	Remboursement de capital	Remboursement de soldes à l'échéance	Total	Taux d'intérêt moyen pondéré[1]
2014 (période du 1er avril au 31 décembre)	39 508	136 558	176 066	5,87 %
2015	47 733	272 174	319 907	4,86 %
2016	40 173	146 409	186 582	4,52 %
2017	36 116	151 725	187 841	4,98 %
2018	26 045	409 003	435 048	5,17 %
2019 et suivants	89 045	496 970	586 015	4,81 %
Total	278 620	1 612 839	1 891 459	4,97 %

Échéancier d'endettement de Cominar (source : www.cominar.com)

Fin 2012, la foncière résidentielle allemande Gagfah présentait un ratio prêt-valeur élevé à 64,7% et un échéancier dangereusement proche avec une maturité moyenne de seulement 2,9 ans :

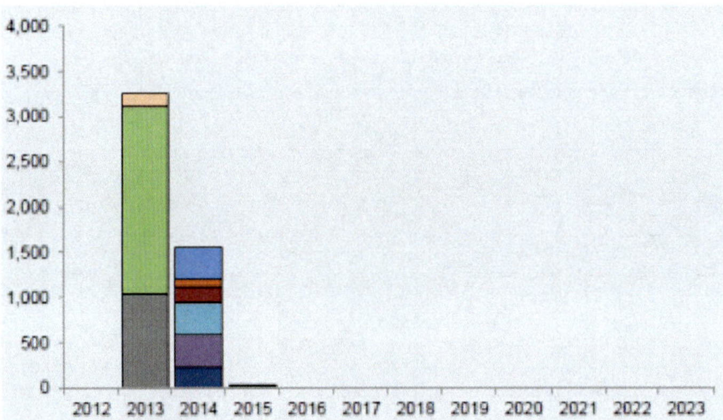

Échéancier partiel d'endettement de Gagfah (source : www.gagfah.com)

Après quelques frayeurs pour les actionnaires, des cessions d'actifs et un refinancement réussi ont assaini la situation : fin 2013, la durée de vie moyenne de l'endettement de Gagfah était de 5,9 ans, avec un ratio prêt-valeur élevé à 61,9%, mais adossé à de l'immobilier résidentiel allemand robuste.

D'ailleurs, notons qu'en ligne avec ce que nous avons vu précédemment, la stratégie de l'équipe dirigeante est d'abaisser ce ratio :

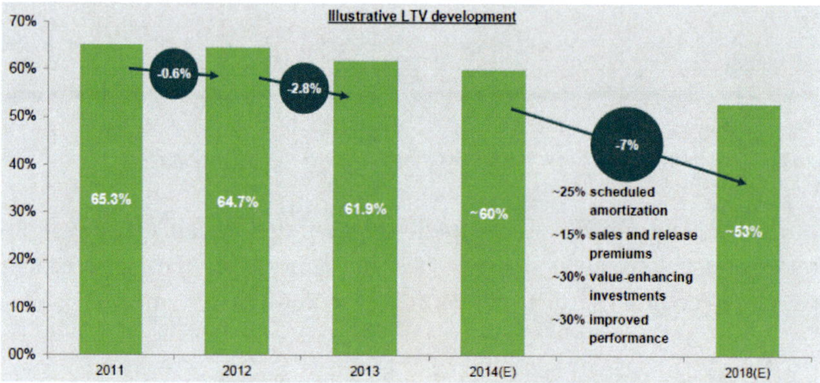

Évolution passée et prévisionnelle du ratio prêt-valeur de Gagfah (source : www.gagfah.com)

Voici un dernier exemple, avec Simon Property Group, qui présente un échéancier relativement étalé et une durée de vie moyenne de 5,9 ans en mars 2014 :

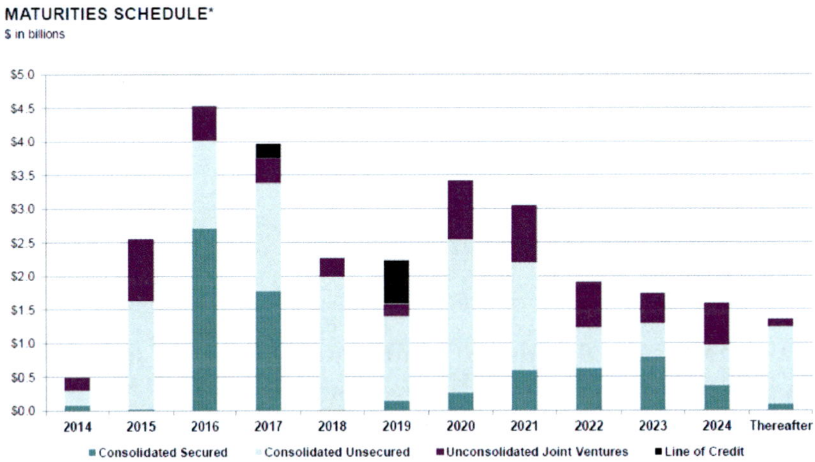

Échéancier d'endettement de Simon Property Group (source : http://investors.simon.com)

Pour limiter les risques d'insolvabilité, il est préférable que la maturité de la dette soit la plus élevée possible et par ailleurs supérieure à la durée résiduelle moyenne des baux.

Dette à taux fixe et dette à taux variable

Comme lorsque nous achetons notre logement, les foncières peuvent s'endetter à taux fixe ou à taux variable.

Un prêt à taux variable permet d'obtenir un financement moins coûteux, mais diminue la visibilité future, en ajoutant un risque financier lié à une hausse possible des taux d'intérêt qui renchérirait la charge des intérêts.

En pratique, les foncières s'endettent majoritairement à taux fixe et peuvent compléter avec des prêts court terme à taux variable.

L'utilisation de produits dérivés peut leur permettre de transformer un taux variable en variable capé ou taux fixe et donc c'est l'exposition nette, généralement communiquée par la société, qu'il faut considérer.

<u>Résumé</u>

La quasi-totalité des foncières cotées utilise l'effet de levier de l'endettement.

Mal maîtrisée, la dette peut compromettre la solidité financière et opérationnelle d'une foncière cotée :

	+ risqué	**- risqué**
Endettement	*In fine*	Amortissable (rare chez les foncières cotées)
Taux	Taux variable	Taux fixe
Ratio prêt-valeur	Élevé > 60%	Faible < 40%
Maturité de la dette	Courte < 3 ans < à la durée résiduelle moyenne des baux	Longue > 5 ans > à la durée résiduelle moyenne des baux

Chapitre

6

Équipe dirigeante

L'équipe de direction d'une foncière cotée n'a pas l'importance qu'elle peut avoir, par exemple, pour une société high-tech[99] ou industrielle, car l'environnement est moins changeant, moins soumis à des ruptures technologiques.

Typiquement, un immeuble bien situé à Paris il y a cinquante ans le sera également toujours dans cinquante ans. Par contre, qui sait à quoi ressembleront nos ordinateurs dans cinq ans et nos voitures dans dix ans ?

[99] Pensons à Steeve Jobs chez Apple, Meg Whitman chez eBay ou Jeff Bezos chez Amazon.

Une foncière cotée a deux grandes possibilités pour générer plus de profits :

- augmenter les loyers des immeubles existants et
- acquérir de nouveaux immeubles.

La première est dites « croissance interne » (*internal growth*, *organic growth* ou encore *core growth*), la seconde « croissance externe » (*external growth*).

L'augmentation des loyers peut se faire à périmètre constant :

- par les termes naturels du contrat de bail, avec une indexation annualisée sur un indice, l'inflation ou un palier fixe,
- dans le cadre d'une négociation favorable lors du renouvellement d'un bail.

Elle peut également être favorisée par le développement ou redéveloppement[100] de l'immeuble :

- soit que tout ou partie de l'immeuble ait été refait, agrandi ou de nouvelles commodités ajoutées,
- soit qu'un espace vacant permette un redécoupage ou une extension d'un espace existant.

---

[100] Il s'agit là de travaux d'améliorations substantielles et non d'entretien ou de réparation.

L'acquisition de nouveaux immeubles peut se faire, du plus au moins risqué :

- par la construction d'un immeuble en blanc, c'est-à-dire sans visibilité sur les futurs locataires,
- par la construction d'un immeuble, mais dont les locataires sont déjà engagés,
- sur un immeuble vacant à redévelopper,
- sur un immeuble vacant,
- sur un immeuble déjà loué à un loyer en dessous du marché,
- sur un immeuble déjà loué aux conditions de marché.

Construire un immeuble est risqué, car vous avez des incertitudes sur la durée et le coût final de construction. D'autre part, pendant toute la durée de l'édification, il ne rapporte aucun loyer.

L'acquisition d'un immeuble vacant permet d'acheter avec une décote sur le prix usuel, en contrepartie d'une incertitude sur la durée de vacance et donc l'absence de loyer.

Les opérations de croissance externe ou de (re)développement peuvent être financées par :

- les profits passés mis en réserve et non distribués aux actionnaires,
- l'endettement,
- l'émission de nouvelles actions,
- la cession d'autres immeubles.

Ainsi, **une foncière peut être gérée de manière « passive », à la manière d'une SCPI, en conservant les immeubles existants,**

en réalisant les travaux de maintenance, remplaçant les locataires quand ils partent et sans lever de fonds autrement que le « roulement » de la dette éventuelle.

Ou alors, **une foncière peut être gérée de manière « active », en construisant des immeubles, en redéveloppant des immeubles existants, en cédant des immeubles « matures », levant des fonds supplémentaires par l'émission d'actions nouvelles ou d'emprunts**.

La plupart des foncières vont être gérées à mi-chemin entre ces deux extrêmes.

C'est la qualité du management qui déterminera alors si la performance de la foncière, c'est-à-dire la croissance à long terme de ses profits, sera en phase avec celle de ses pairs, exceptionnelle ou médiocre.

Un « bon » management :

- **acquiert des immeubles quand les prix sont bas et patiente s'il n'y a pas d'opportunités,**
- **cède les immeubles « matures » quand les prix sont hauts,**
- **(re)développe les immeubles qui ont du potentiel,**
- **lève des fonds en émettant de nouvelles actions quand le cours de bourse est exagérément haut,**
- **lève de la dette ou refinance la dette existante quand les taux sont bas,**
- **maintient un ratio d'endettement mesuré et une solidité financière,**
- **gère la foncière en contenant ses frais administratifs et ses coûts de structure,**

- **est intéressé au succès de la foncière par la détention d'un nombre important d'actions ou une rémunération incitative.**

Un « mauvais » management :

- **acquiert des immeubles à n'importe quel prix,**
- **lève des fonds en émettant de nouvelles actions quand le cours de bourse est anormalement bas, diluant les actionnaires existants,**
- **endette excessivement la foncière et compromet la solidité financière,**
- **laisse filer les dépenses administratives ou les coûts de structure,**
- **possède peu d'actions de la foncière et a une rémunération déconnectée de la performance à long terme de celle-ci.**

D'une manière générale, les acteurs de marché sont rationnels et les foncières cotées dont l'historique opérationnel montre les qualités de l'équipe de direction, sont valorisées en bourse au-dessus de leurs pairs.

Voici quelques exemples de sociétés immobilières avec un historique opérationnel exceptionnel et une équipe de direction réputée :

Nom	Place de cotation	Capi. Boursière en Md€
Simon Property Group	États-Unis	37
Public Storage	États-Unis	21
Unibail-Rodamco	France	18

Nom	Place de cotation	Capi. Boursière en Md€
Boston Properties	États-Unis	13
Federal Realty Investment	États-Unis	6

La gestion courante de la foncière n'a pas été abordée dans ce chapitre, car c'est le métier de base que d'assurer une diversité des locataires, un taux d'occupation élevé, maintenir les immeubles en état, récupérer les impayés…

La qualité de l'équipe dirigeante sera donc plutôt attendue sur les décisions stratégiques d'allocation du capital.

Résumé

La croissance d'une foncière cotée peut se faire par les termes naturels des contrats de bail, le développement d'immeubles existants ou l'acquisition de nouveaux immeubles.

Le financement d'une foncière cotée peut se faire par la mise en réserve de trésorerie, l'émission de dette ou d'actions nouvelles.

Une foncière cotée peut être gérée de manière plus ou moins « active », dans ses stratégies de croissance comme de financement.

La qualité de l'équipe dirigeante et ses décisions d'allocation du capital font la différence entre une performance exceptionnelle, standard ou médiocre.

Chapitre

7

Régularité des dividendes

Puisque l'argument principal de l'investissement dans des foncières cotées est la perception d'une rente au travers des dividendes perçus, la régularité et pérennité de ceux-ci sont d'importance.

Les sociétés immobilières relevant du régime REIT ont des contraintes réglementaires sur le versement du dividende, qui permettent malgré tout quelques latitudes.

Aussi, si la qualité de la gestion opérationnelle ou la typologie des biens immobiliers a son importance pour garantir un dividende pérenne, une stratégie alternative peut être de ne verser qu'une partie des profits en dividendes.

La partie mise en réserve peut alors :

- être conservée pour compenser une éventuelle baisse des profits futurs et maintenir un dividende élevé[101],
- être réinvestie dans des projets immobiliers qui généreront plus de loyers et donc plus de profits l'année suivante.

Cette seconde option, peut-être plus « agressive », a l'avantage de favoriser l'augmentation des profits et donc des dividendes.

Certaines foncières privilégient cette stratégie et conservent le plus de profits possible pour pouvoir investir et croître plus vite.

En contrepartie, puisque la part des profits versés aux actionnaires est plus faible, le rendement sur dividende est généralement moins élevé.

Notons également que la proportion mise en réserve n'est pas immuable et peut varier selon les périodes, la stratégie de l'entreprise ou encore l'équipe de direction.

---

[101] C'est ce que font la plupart des SCPI en France, et actuellement plusieurs SCPI ayant pignon sur rue utilisent ce « report à nouveau » pour maintenir un dividende artificiellement élevé tandis que les loyers perçus sont en baisse. Mais le report à nouveau n'est pas inépuisable et de mauvaises surprises sont à attendre.

Par exemple, HCP qui versait 100% de son FFO[102], n'en verse depuis trois ans qu'autour de 70% :

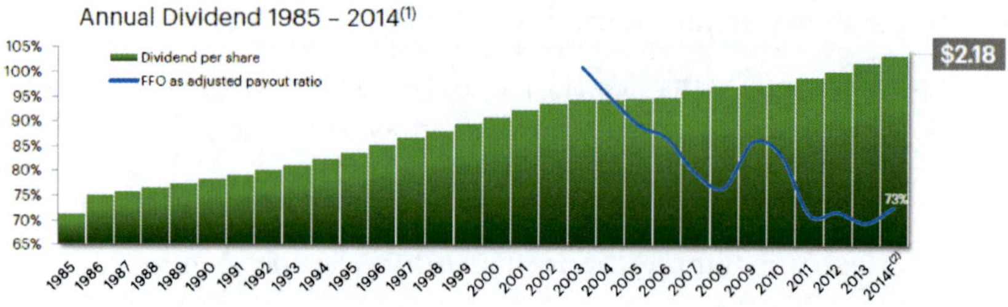

Évolution du dividende d'HCP (source : http://ir.hcpi.com)

[102] Le FFO est une approximation des profits d'une foncière cotée. Nous l'abordons en détail au chapitre « 4.2 – Ratio « cours sur FFO »».

Le record de croissance est détenu par la foncière cotée américaine de centres commerciaux Federal Realty Investment, qui s'illustre en ayant réussi à augmenter son dividende par action chaque année depuis 46 ans :

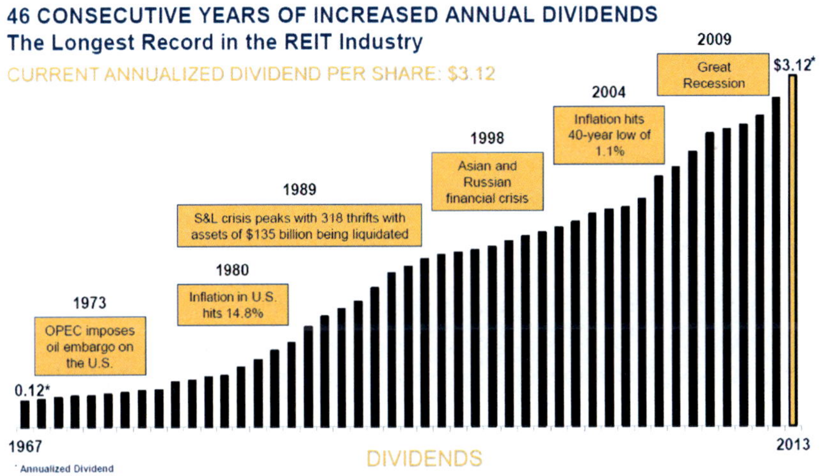

Évolution du dividende de Federal Realty Investment (source : www.federalrealty.com)

D'autres sociétés immobilières américaines avec des historiques de dividendes impressionnants sont :

Nom	Nbr d'années d'augmentation du dividende	Capi. boursière en Md€
Federal Realty Investment	46	6
HCP	29	14
Universal Health Realty Trust	27	< 1
National Retail Properties	24	3
Tanger Factory Outlet Centers	21	2

Nom	Nbr d'années d'augmentation du dividende	Capi. boursière en Md€
Urstadt Biddle Properties	20	< 1
Realty Income	20	7
Essex Property Trust	19	8
W. P. Carey	17	5
Omega Healthcare Investors	12	3
National Health Investors	12	2

Ce type d'historique n'existe pas [encore ?] sur les foncières européennes, d'une part car elles sont plus récentes, et d'autre part car elles semblent préférer une distribution et donc un dividende élevé, mais plus volatil.

Résumé

Plusieurs foncières cotées américaines présentent des historiques de croissance du dividende impressionnants, sur plus d'une décennie.

Au-delà de leur typologie d'immeuble et géographique, les sociétés immobilières cotées ne sont pas « égales » et ne se « valent » pas.

La qualité et l'implication du management, au travers ses décisions d'allocation du capital, fera la différence entre une performance exceptionnelle, normale ou médiocre.

Partie 4 :

Valoriser une foncière cotée

Introduction

Après avoir lu la partie précédente, vous pourriez être simplement tenté d'investir dans les foncières cotées présentant un historique opérationnel exceptionnel.

En pratique, cela ne vous garantira pas pour autant une performance hors norme, car leurs qualités intrinsèques remarquables sont déjà prises en compte dans leur cours de bourse et ces sociétés se payent généralement cher.

Investir dans une foncière cotée « normalement » gérée peut au contraire être une excellente opération à long terme, si le prix payé a été raisonnable.

Quant aux foncières « médiocrement » gérées, si elles ont été achetées à un prix outrageusement bas, elles peuvent se transformer en phénix à la faveur d'un changement de l'équipe dirigeante.

Mais, comment déterminer si une foncière est chère ou non ?

Chapitre

1

Valoriser un immeuble

Méthode la plus usitée

Tout d'abord, puisqu'une foncière cotée est essentiellement un portefeuille d'immeubles, nous allons commencer par voir comment valoriser un immeuble seul.

La formule de base est simple :

Valeur d'un immeuble = loyers nets d'exploitation ÷ taux de capitalisation

Les loyers nets d'exploitation (*Net Operating Income*) correspondent aux loyers perçus sur une base annuelle, auxquels est soustrait l'ensemble des charges opérationnelles : coût de la gestion immobilière, assurance de l'immeuble, taxe foncière et dépenses d'entretien et de réparation. Ces charges peuvent être estimées entre 5 et 15% des loyers bruts.

Le taux de capitalisation (*capitalization rate*) est un taux observé, déterminé d'après les transactions immobilières récentes selon la formule :

Taux de capitalisation = prix de l'immeuble ÷ loyers nets d'exploitation

Exemple

Pour mieux comprendre, essayons de valoriser un immeuble de bureaux loués dans le Quartier Central des Affaires à Paris.

Les transactions récentes sur des biens comparables sont, par exemple, les suivantes :

Prix de vente	Loyers nets d'exploitation	Taux de capitalisation implicite
30 000 000 €	138 000 €	4,6%
40 000 000 €	188 000 €	4,7%
50 000 000 €	225 000 €	4,5%
	Moyenne :	**4,5%**

Nous constatons un taux de capitalisation moyen à 4,5%.

Si les loyers nets d'exploitation de notre immeuble sont de 270 000 €, sa valeur peut être estimée à :

270 000 € ÷ 4,5% = **60 000 000 €**

Taux de capitalisation

Si le taux de capitalisation est un taux de marché, les acteurs de marché sont plutôt rationnels et il va dépendre essentiellement de :

	Taux de capitalisation + faible	Taux de capitalisation + élevé
Type d'immeuble	Centres commerciaux Résidentiel	Bureaux Murs de magasin Logistique et industriel
Emplacement de l'immeuble	Recherché	Peu recherché
Qualité de l'immeuble	Neuf	Vétuste
Locataire(s)	Diversifiés et solides	Unique et fragile
Taux des placements sans risque[103]	Faible	Élevé

Aussi, il n'est pas anormal d'avoir un taux de capitalisation de 10% sur un immeuble de bureaux vétuste en banlieue de Saint-Étienne et 4,5% sur un centre commercial en plein cœur de Paris.

Un taux de capitalisation plus élevé, donc un rendement locatif plus élevé, est normalement lié à un risque de vacance ou d'obsolescence plus important.

[103] Notamment le taux des emprunts à dix ans du pays où se trouve l'immeuble.

Voici un exemple de taux de capitalisation utilisés par Cominar pour la valorisation de son patrimoine immobilier :

	Québec	Montréal	Autres Québec	Ottawa	Autres Ontario	Provinces atlantiques	Ouest canadien	Taux moyen pondéré
	%	%	%	%	%	%	%	%
Bureaux	6,4	6,6	—	6,1	—	7,4	6,0	6,4
Commercial	6,6	6,5	7,5	7,4	6,7	8,0	6,3	6,7
Industriel et polyvalent	7,3	7,2	9,1	—	8,5	8,0	6,9	7,3
	6,7	6,7	7,6	6,1	6,8	7,7	6,0	6,7

Taux de capitalisation utilisés par Cominar (source : www.cominar.com)

Les taux de capitalisation de Link REIT sont plus faibles, en phase avec l'exubérance des prix de l'immobilier hongkongais :

Valuation Approach	As at 31 March 2014	As at 31 March 2013
Income Capitalisation Approach - Capitalisation Rate		
Retail properties	**4.40 - 6.60%**	4.50 - 6.75%
Retail properties: weighted average	**5.09%**	5.20%
Car parks	**4.80 - 7.60%**	5.00 - 8.25%
Car parks: weighted average	**6.16%**	6.42%
Overall weighted average	**5.27%**	5.39%
DCF Approach		
Discount rate	**7.50%**	7.50%

Taux de capitalisation utilisés par Link REIT (source : www.thelinkreit.com)

Link REIT pousse la transparence à fournir le rapport d'expertise du cabinet CBRE, présentant les hypothèses de valorisation pour chacun de ses immeubles :

No.	Property Name	IFA (sqft)	Car Park Spaces	Net Passing Income HK$M(pa)	Income Capitalisation Cap. Rate	Income Capitalisation Value (HK$M)	DCF Analysis Discount Rate	DCF Analysis Value (HK$M)	Value as at 31 March 2014 (HK$M)	Analysis Initial Yield	Analysis Indicated IRR
1	**Lok Fu Plaza**										
		390,794	**793**	**222.6**	**4.42%**	**4,927.0**	**7.50%**	**4,668.0**	**4,798.0**	**4.64%**	**7.82%**

Brief Description: Lok Fu Plaza comprises a 6-storey with basement level retail building (Commercial Centre I), a 4-storey car park building (Car Park I), a 7-storey with basement level retail building (Commercial Centre II) and a 2-storey car park building (Car Park II), some Integrated Commercial/Car Park Accommodation in Wang Shun House, Wang Tat House and Wang Yat House as well as Associated Areas in Lok Fu Estate. The property was completed between 1983 and 1991. A total of 793 car parking spaces are provided in the property.

Title Details: The property is held by The Link Properties Limited. It comprises 107,428/335,530 equal and undivided shares of and in New Kowloon Inland Lot No. 6451 and is held under Government Lease for a term of 50 years from 31 December 2007.

Valorisation d'un immeuble appartenant à Link REIT (source : www.thelinkreit.com)

Les prix de l'immobilier étant fluctuants, les taux de capitalisation fluctuent également, comme le montre ce graphique[104] :

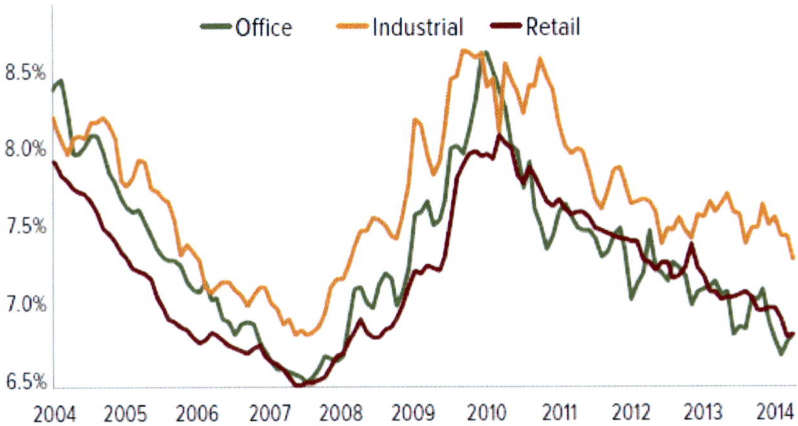

Évolution des taux de capitalisation des bureaux, immeubles industriels et logistiques et commerces et centres commerciaux aux États-Unis (sources : Real Capital Analytics, ARCP)

Les difficultés de l'estimation

Si la formule est simple, quatre problèmes se posent :

- Si l'immeuble n'est pas occupé, vous n'avez pas de loyer comme base de calcul à placer dans celle-ci. Ou alors, si l'immeuble est occupé depuis longtemps avec un bail long, les loyers perçus risquent donc d'être en deçà des loyers de marché. Dans ce cas, une alternative est de multiplier la surface disponible par le

---

104 Le graphique met en exergue la variation des taux de capitalisation, mais il ne doit surtout pas laisser penser qu'il y existe un taux unique par type de bien sur l'ensemble des Etats-Unis. Il s'agit là de moyennes.

prix/m^2 moyen observé sur les transactions récentes comparables.

- Les transactions récentes comparables ne sont pas suffisamment nombreuses pour observer une convergence vers un taux de capitalisation donné, ce qui introduit une subjectivité. Ceci est particulièrement vrai pour les biens exceptionnels ou au contraire très médiocres.

- Idéalement, il faut prendre en compte les loyers nets d'exploitation normalisés en année *n*+1 et non ceux passés. Mais l'estimation des dépenses d'entretien et réparation peut être difficile, particulièrement pour les immeubles vétustes.

Enfin, si les investisseurs institutionnels disposent de bases de données payantes listant les dernières transactions, comme Real Capital Analytics, ces données sont difficiles d'accès pour un investisseur particulier.

Notons que la valeur de l'immeuble peut inclure ou non les frais et droits de mutation, auquel cas le taux de capitalisation utilisé devra être cohérent et inclure ou non ces dépenses.

Résumé

La valeur d'un immeuble s'estime essentiellement en multipliant les loyers nets d'exploitation par un taux de capitalisation.

Conceptuellement simple, l'estimation peut être difficile, particulièrement pour les immeubles avec des caractéristiques géographiques ou qualitatives inhabituelles.

Chapitre

2

Ratio « cours sur FFO »

Le PER ne s'applique pas aux foncières cotées

La cherté ou non d'une action « classique » peut être présagée à partir de son ratio « cours sur bénéfices » (*PER* ou *Price Earning Ratio*), dont la formule est la suivante :

PER = cours de bourse ÷ bénéfice par action

Voici, par exemple, le PER de notre fleuron pétrolier, Total :

Prévisions des analystes

	2013	2014	2015
BNA	4.73	4.68	4.94
Dividende	2.38	2.45	2.52
Rendement	4.41 %	4.54 %	4.67 %
PER	**11.41**	**11.53**	**10.92**

PER prévisionnels de Total (source : www.boursorama.com)

Cela signifie qu'au cours actuel, la capitalisation boursière de Total représente 11,5 années des profits attendus pour l'exercice 2014.

Toutes choses égales par ailleurs, un PER élevé peut laisser à penser que la société est chère et un PER faible qu'elle est une bonne affaire.

Historiquement, le PER moyen de l'indice boursier américain S&P 500 est autour de 15, donc un PER inférieur à 15 peut présager d'une opportunité.

En pratique, les PER varient en fonction des secteurs, de la taille des entreprises, de la répartition de leur chiffre d'affaires, de leur structure bilancielle, etc.,[105] et il est normal que le PER d'une société robuste et de croissance comme le leader mondial des produits de

[105] Pour être précis, le PER pose des hypothèses implicites sur la croissance future des profits et le coût moyen pondéré du capital, lui-même dérivé d'autres facteurs. cf. goo.gl/rzIl6o

beauté L'Oréal soit supérieur à celui d'une société en difficulté comme le constructeur automobile Peugeot.

Qu'en est-il du PER des foncières cotées ?

Le bénéfice par action utilisé dans le calcul du PER reprend le résultat net comptable, éventuellement normalisé des éléments exceptionnels.

Pour les foncières cotées, ce résultat net comptable est peu représentatif, pour deux raisons :

Premièrement, les normes comptables imposent que les actifs immobiliers soient « dépréciés » chaque année. Si cette dépréciation[106] peut faire sens pour du matériel informatique ou un véhicule, un immeuble correctement entretenu ne se déprécie pas, mais, au contraire, s'apprécie normalement avec le temps.

L'application de la norme se traduit par une charge purement comptable, sans sortie d'argent, qui va s'imputer sur le résultat opérationnel.

[106] Il s'agit stricto sensu d'un amortissement comptable, mais le terme est moins explicite.

Comme les foncières cotées possèdent énormément d'actifs immobiliers, l'amortissement atteint vite des montants disproportionnés, comme ici pour Realty Income :

Currency in Millions of US Dollars — As of:	Dec 31 2010 Restated	Dec 31 2011 Restated	Dec 31 2012 Restated	Dec 31 2013
Other Revenues	0.6	1.1	1.7	5.9
TOTAL REVENUES	**333.3**	**411.8**	**482.8**	**778.4**
Cost Of Goods Sold	5.8	15.5	21.3	38.8
GROSS PROFIT	**327.5**	**396.4**	**461.6**	**739.5**
Selling General & Admin Expenses, Total	25.3	31.0	38.0	56.8
Depreciation & Amortization, Total	91.6	116.5	147.3	306.6
OPERATING INCOME	**210.6**	**248.9**	**276.2**	**376.1**

Résultat opérationnel de Realty Income (source : www.businessweek.com)

Pour environ 780 millions de dollars de loyers encaissés, nous avons 306 millions, soit 40%, de dépréciations et amortissements, qui tirent le résultat opérationnel « fictivement » vers le bas.

Une partie de ces amortissements correspond à des dépenses effectives liées à l'entretien et la maintenance de l'immeuble. Mais ces dépenses sont plutôt de l'ordre de 10% des loyers et même nulle dans le cas de baux triple net[107], comme c'est le cas de Realty Income.

---

[107] cf. « Durée et type de bail », page 87. Pour rappel, dans un bail triple net, le locataire prend à sa charge l'assurance de l'immeuble, la taxe foncière, et les frais d'entretien et réparation.

Deuxièmement, le résultat net est également affecté par les plus-values liées à la cession d'actifs immobiliers, par essence, non récurrentes.

Ainsi, tandis que l'amortissement comptable affaiblit « fictivement » le résultat net, avec une charge sans incidence sur la trésorerie, les cessions vont « anormalement » le gonfler, par un gain exceptionnel.

FFO ou Funds from Operations

Le résultat des opérations récurrentes (*FFO* ou *Funds From Operations* ou *EPRA Earnings*) est une mesure standardisée par la NAREIT et l'European Public Real Estate Association ou EPRA, qui corrige le résultat net des dépréciations et amortissements comptables et plus-values de cession.

Il est systématiquement communiqué par les foncières américaines et parfois par les foncières européennes, comme ici Mercialys, foncière française de centres commerciaux :

Un résultat des opérations (FFO[5]) de **96,2 Meuros**, soit 1,05 euro par action

FFO 2013 de Mercialys (source : www.mercialys.fr)

Le FFO se rapproche d'un « pur » flux de trésorerie, mais ne tient pas compte notamment des dépenses de maintenance des immeubles.

Ratio « cours sur FFO »

Le ratio « cours sur FFO » est quasi-identique au ratio PER, mais donc utilise le FFO au lieu du résultat net habituel :

cours sur FFO = cours de bourse ÷ FFO par action

Mercialys cotant actuellement 17 €, son ratio « cours sur FFO » 2013 est donc de :

$$17 \div 1,05 = \mathbf{16,2}$$

À l'instar du PER, le ratio « cours sur FFO » peut être utilisé pour comparer la valorisation des foncières cotées, comme ici pour les foncières cotées canadiennes :

REITs	3-Jul Close	1-Day % Δ	1-Mo. % Δ	% of 52-Week High	% of 52-Week Low	Units O/S (MM)	3-Jul Vol. (000s)	P/FFO* 2014E	P/FFO* 2015E
S&P / TSX Capped REIT Index	161.20	(0.5%)	(1.3%)	98.6%	111.1%	271.5			
Agellan Commercial REIT	$ 9.42	1.3%	1.1%	97.1%	116.3%	23.2	13	7.8 x	7.4 x
Allied Properties REIT	35.07	(0.1%)	(0.3%)	97.6%	116.9%	69.5	80	16.4 x	14.7 x
American Hotel Income Properties REIT LP	10.35	-	1.0%	85.5%	105.8%	19.5	46	11.0 x	8.3 x
Artis REIT	15.75	(0.3%)	0.6%	96.3%	117.4%	135.2	116	10.8 x	10.4 x
Boardwalk REIT	65.09	(0.3%)	0.9%	98.3%	118.9%	52.4	30	19.3 x	18.2 x
Brookfield Canada Office Properties REIT	27.21	-	2.7%	97.4%	111.1%	93.3	4	17.3 x	16.6 x
BTB REIT	4.65	1.1%	2.6%	96.3%	115.1%	33.9	83	9.3 x	8.6 x
Calloway REIT	26.29	(0.4%)	(3.1%)	95.6%	109.8%	134.9	95	13.6 x	13.2 x
CAP REIT	22.70	(0.9%)	(0.3%)	96.5%	113.0%	109.1	122	14.1 x	13.7 x
Chartwell Retirement Residences	10.79	(0.2%)	(2.7%)	96.3%	120.6%	176.0	235	13.4 x	12.3 x
Choice Properties REIT	10.60	0.3%	(1.5%)	96.5%	111.6%	372.3	45	12.0 x	11.7 x
Cominar REIT	18.74	(0.3%)	(1.4%)	88.6%	107.3%	128.0	144	10.3 x	9.9 x
CREIT	45.20	(1.2%)	(1.1%)	96.4%	112.9%	69.2	45	15.3 x	14.8 x
Crombie REIT	13.31	(0.3%)	0.5%	95.5%	106.7%	130.5	81	12.0 x	11.5 x
CT REIT	11.44	0.6%	1.2%	98.4%	114.4%	179.7	36	12.0 x	11.7 x
Dream Global REIT	9.74	(0.9%)	(0.6%)	96.5%	122.2%	109.0	248	11.2 x	11.1 x
Dream Industrial REIT	9.70	0.5%	0.3%	98.0%	118.3%	71.4	97	10.2 x	9.9 x
Dream Office REIT	29.18	(0.1%)	(0.6%)	88.8%	108.0%	107.1	142	10.1 x	10.0 x
FAM REIT	8.75	-	0.1%	89.7%	106.7%	14.9	14	10.1 x	9.3 x
Firm Capital Property Trust	5.30	-	3.9%	86.3%	116.0%	7.0	3	n/a	n/a
Granite REIT	39.90	0.5%	0.4%	93.2%	117.7%	47.0	136	13.7 x	13.3 x
H&R REIT	23.00	(1.0%)	(1.6%)	96.1%	112.7%	289.2	324	12.5 x	12.2 x
HealthLease Properties REIT	10.79	(0.4%)	3.3%	99.0%	116.4%	37.2	81	9.7 x	9.3 x
InnVest REIT	5.27	(0.4%)	1.5%	98.0%	133.4%	94.6	34	8.4 x	7.7 x
InterRent REIT	5.66	0.2%	(0.4%)	93.7%	117.2%	57.6	26	15.3 x	12.5 x
Lanesborough REIT	1.21	(2.4%)	3.4%	80.7%	189.1%	20.1	30	n/a	n/a
Melcor REIT	10.23	0.1%	2.7%	91.7%	106.0%	21.5	10	11.0 x	10.6 x
Milestone Apartments REIT	10.80	-	-	98.9%	118.3%	49.7	53	10.5 x	9.9 x
Morguard North American Residential REIT	10.43	0.3%	(1.9%)	97.6%	117.7%	46.5	24	11.3 x	10.6 x
Morguard REIT	17.80	0.1%	2.3%	99.2%	114.4%	62.1	33	10.9 x	10.6 x
Northern Property REIT	29.19	1.3%	3.9%	94.6%	115.9%	31.8	100	12.3 x	11.3 x
NorthWest Healthcare Properties REIT	9.99	(0.3%)	(0.1%)	86.4%	104.9%	46.4	41	10.2 x	10.0 x
Northwest International Healthcare Properties REIT	2.03	-	3.6%	82.2%	119.4%	161.0	85	n/a	n/a
Partners REIT	4.95	(1.8%)	1.2%	70.2%	125.6%	27.6	431	9.4 x	9.3 x
PIRET	4.58	0.4%	(3.0%)	91.1%	115.4%	189.7	1,743	11.2 x	10.5 x
Plaza Retail REIT	4.07	(0.2%)	(0.7%)	86.6%	102.5%	92.2	52	13.6 x	12.9 x
Retrocom REIT	4.57	(0.4%)	(0.9%)	86.6%	102.9%	72.3	70	9.8 x	9.4 x
RioCan REIT	27.05	(0.5%)	(2.1%)	96.2%	115.3%	306.3	390	16.1 x	15.4 x
Slate Retail REIT	12.75	0.8%	4.3%	87.9%	114.8%	16.0	33	n/a	n/a
Summit Industrial Income REIT	6.24	0.5%	7.4%	96.1%	119.5%	18.2	45	9.1 x	8.8 x
True North Apartment REIT	8.22	-	1.1%	91.3%	107.6%	32.0	5	11.2 x	10.5 x
True North Commercial REIT	6.77	(2.4%)	2.6%	96.7%	122.9%	12.4	3	n/a	n/a
WPT Industrial REIT	10.05	0.2%	2.0%	98.0%	134.9%	23.8	5	10.1 x	9.5 x
MARKET CAP. WEIGHTED AVERAGE / TOTAL		(0.3%)	(0.6%)				5,435	13.5 x	12.9 x

Quelques ratios et indicateurs sur différentes foncières cotées canadiennes (source : Brookfield Financial)

Mais les mêmes réserves exprimées pour le PER s'appliquent également : il peut y avoir des raisons implicites à un ratio « cours sur FFO » élevé ou faible et les comparaisons n'ont de sens qu'avec des sociétés immobilières très proches, en terme de typologie, géographie, endettement, capitalisation boursière…

Par contre, il peut être intéressant de suivre l'évolution du ratio pour une foncière donnée, comme ici HCP :

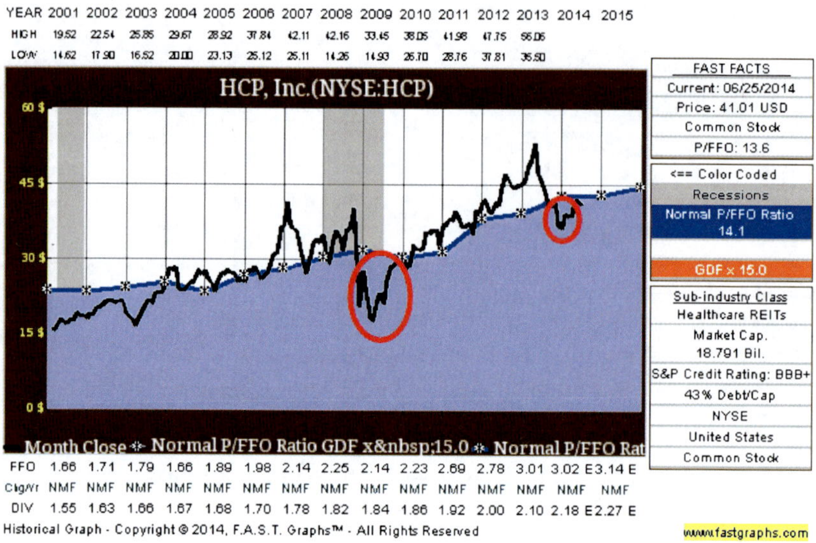

Évolution du cours de bourse et du ratio "cours sur FFO" de HCP (source : FAST Graph)

En moyenne, sur les treize dernières années, HCP traite à 14,1 fois son FFO.

Sur le graphique, la courbe noire représente le cours de bourse et la courbe bleue le cours « normalisé » avec ce multiple de 14,1 fois le FFO. Les cercles rouges mettent en exergue les périodes où HCP cotait en dessous de son cours « normalisé ».

Nous constatons un important phénomène de retour à la moyenne : investir dans HCP chaque fois qu'elle traitait en dessous de sa moyenne de multiple de FFO aurait été favorable à l'investisseur.

Le même graphique sur Realty Income, avec un multiple moyen de FFO à 14,6 fois :

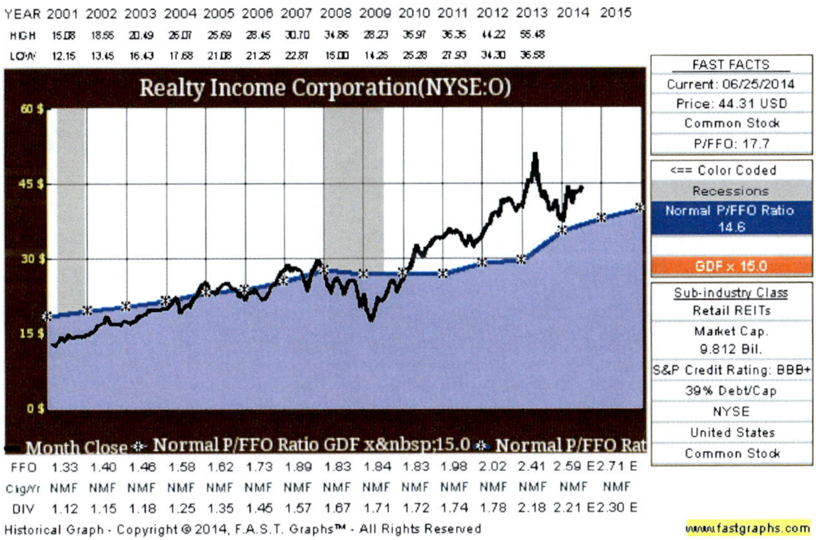

Évolution du cours de bourse et du ratio "cours sur FFO" de Realty Income (source : FAST Graph)

Si nous supposons le même phénomène de retour à la moyenne, le multiple de FFO actuel à 17,7 peut laisser présager que Realty Income se paie cher.

Enfin, le même graphique sur la foncière américaine de centres de données informatiques Digital Realty Trust, avec un multiple moyen de FFO à 16,6 fois :

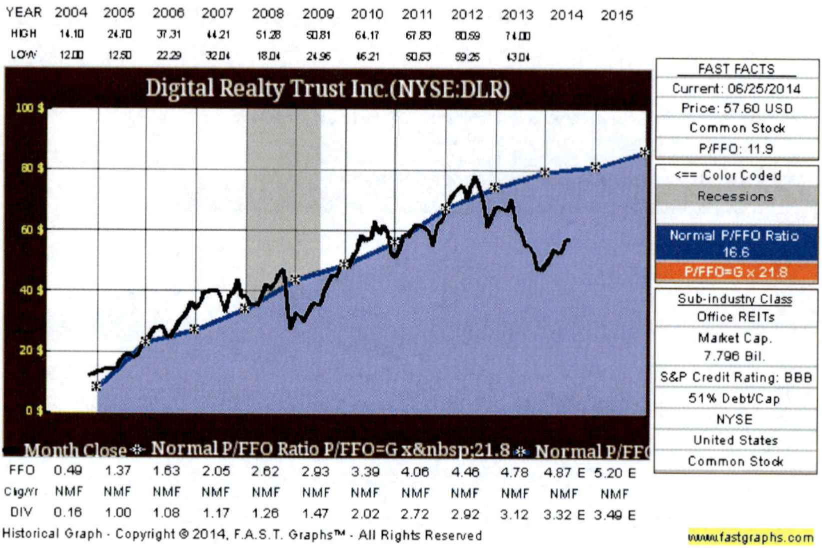

Évolution du cours de bourse et du ratio "cours sur FFO" de Digital Realty Trust (source : FAST Graph)

Si nous supposons le même phénomène de retour à la moyenne, le multiple de FFO actuel à 11,9 peut laisser penser que Digital Realty est bon marché.

Résumé

Le PER n'est pas pertinent pour les foncières cotées, le ratio « cours sur FFO » lui est préférable.

Le FFO est une mesure standardisée du profit d'une foncière cotée, avec l'inconvénient d'exclure les dépenses de maintenance.

La comparaison du ratio « cours sur FFO » entre deux foncières ne fait sens que si elles ont des caractéristiques opérationnelles et bilancielles proches.

L'étude de l'évolution du ratio « cours sur FFO » pour une foncière donnée peut permettre de détecter une possible opportunité d'investissement, avec l'hypothèse d'un retour à la moyenne.

Chapitre

3

AFFO Yield

Avantage de l'AFFO sur le FFO

Nous avons vu précédemment que le FFO n'est pas un « pur » flux de trésorerie, car il n'inclut pas les dépenses d'entretien et réparation.

Pour Realty Income ou la minorité de foncières cotées qui louent avec des baux triple net, cela n'a pas d'importance. Pour les autres, spécialement les foncières résidentielles, c'est omettre des dépenses qui peuvent représenter 5 à 15% des loyers.

D'autre part, les normes comptables imposent également une comptabilisation linéaire des augmentations de loyer en cours de bail (*straight-line rent*), c'est-à-dire qu'un loyer de 100 000 € attendu en hausse de +3% pendant cinq années de bail, ne sera pas comptabilisé comme 100 000 €, 103 000 €, 106 100 €, 109 300 €, 112 500 € ; mais comme 106 000 €, 106 000 €, 106 000 €, 106 000 €, 106 000 €.

Par conséquent, cette linéarisation augmente « fictivement » le résultat net et le FFO en début de bail et l'affaiblit « fictivement » en fin de bail.

Le résultat des opérations récurrentes ajusté (*AFFO* ou *Adjusted Funds From Operations* ou *Cash Available for Distribution ou Funds Available*) inclut les dépenses d'entretien et réparation, corrige la comptabilisation linéaire et d'autres éléments plus marginaux, dans le but de se rapprocher autant que possible d'un « pur » flux de trésorerie.

Hélas, il ne fait pas l'objet d'une définition standardisée et si les foncières communiquent parfois dessus, le périmètre des ajustements peut varier et ne permet pas une comparaison facile entre les foncières.

Pour y pallier, certains cabinets d'analystes comme Green Street Advisors (www.greenstreetadvisors.com) calculent un AFFO avec un périmètre d'ajustement constant et leurs propres estimations de montants de dépenses de maintenance.

À titre d'exemple, voici l'historique des FFO et AFFO communiqués par Cominar :

(en milliers de dollars canadiens, sauf les montants par part)	2013	2012	2011
Produits d'exploitation	**662 053**	564 537	317 741
Bénéfice d'exploitation net [1]	**368 210**	317 815	184 709
Bénéfice net	**254 969**	342 171	177 461
Bénéfice distribuable récurrent [1]	**198 479**	169 905	100 885
Fonds provenant de l'exploitation récurrents [1]	**225 855**	200 450	111 927
Fonds provenant de l'exploitation ajustés récurrents [1]	**194 776**	166 412	99 090
Distributions	**182 977**	164 021	95 567
Actif total	**5 997 330**	5 617 049	2 765 317
PAR PART			
Bénéfice net (de base)	**2,03**	3,13	2,74
Bénéfice distribuable récurrent (de base)[1]	**1,58**	1,55	1,56
Fonds provenant de l'exploitation récurrents (pd)[1][2]	**1,77**	1,78	1,65
Fonds provenant de l'exploitation ajustés récurrents (pd)[1][2]	**1,54**	1,50	1,50
Distributions	**1,44**	1,44	1,44

FFO et AFFO par action de Cominar (source : www.cominar.com)

L'AFFO peut être utilisé comme le FFO, pour calculer un ratio « cours sur AFFO » :

cours sur AFFO = cours de bourse ÷ AFFO par action

Cependant, le calcul du ratio inverse, nommé *AFFO Yield*, exprimé en pourcentage, est plus parlant :

AFFO Yield = AFFO par action ÷ cours de bourse

Dans le cas de Cominar, nous pouvons estimer l'AFFO 2014 en multipliant par 4, l'AFFO communiqué par la société au dernier trimestre :

AFFO 2014 = 0,38 × 4 = **1,52**

L'estimation ne devrait pas être trop éloignée de la réalité, car Cominar a un taux d'occupation relativement stable et pratique peu le [re]développement d'immeubles.

L'AFFO d'une foncière avec une gestion plus active de son portefeuille, notamment d'importants immeubles dont la mise en location est prévue prochainement avec les nouveaux loyers que cela induit, peut être plus difficile à estimer.

Avec un cours à $18, l'AFFO Yield estimé 2014 de Cominar est donc :

AFFO Yield 2014 = 1,52 ÷ 18 = **8,4%**

D'une certaine façon, cet AFFO Yield représente le rendement immobilier, dette incluse, obtenu en investissant dans Cominar au cours de bourse actuel.

Or, nous avons vu précédemment que le taux moyen pondéré de capitalisation observé pour les immeubles détenus par Cominar est de 6,7% :

	Québec	Montréal	Autres Québec	Ottawa	Autres Ontario	Provinces atlantiques	Ouest canadien	Taux moyen pondéré
	%	%	%	%	%	%	%	%
Bureaux	6,4	6,6	—	6,1	—	7,4	6,0	6,4
Commercial	6,6	6,5	7,5	7,4	6,7	8,0	6,3	6,7
Industriel et polyvalent	7,3	7,2	9,1	—	8,5	8,0	6,9	7,3
	6,7	6,7	7,6	6,1	6,8	7,7	6,0	6,7

Taux de capitalisation utilisés par Cominar (source : www.cominar.com)

Cet écart positif, de plus de 170 points[108], peut laisser présager d'une opportunité d'investissement : Cominar peut être acheté avec un rendement sur investissement de 8,4% tandis que les immeubles sous-jacents ont un rendement locatif de 6,7%.

Mais l'AFFO Yield à 8,4% inclut l'effet de levier de la dette, ce qui n'est pas le cas du taux de capitalisation. Par conséquent, l'écart doit également s'apprécier au regard de la solidité financière de Cominar, ce qui nous renvoie au chapitre « 3.5 – Endettement ».

<u>**Résumé**</u>

L'AFFO est une mesure non standardisée du profit d'une foncière cotée, qui se rapproche d'un « pur » flux de trésorerie.

L'AFFO Yield peut être comparé avec le taux de capitalisation du portefeuille d'immeubles sous-jacent à la foncière cotée pour présager d'une opportunité d'investissement.

---

[108] En finance, les écarts entre pourcentage s'expriment en points : 170 points représente l'écart entre 6,7% et 8,4%. Evoquer un écart de 1,7% porterait à confusion et pourrait laisser penser à une hausse de 1,7% à partir du 6,7% initial, ce qui donnerait 6,81% et non 8,4%.

Chapitre 4

Actif Net Réévalué

FFO et AFFO vs Actif Net Réévalué

Un inconvénient majeur du ratio « cours sur FFO » ou de l'AFFO Yield est la non-prise en compte de la structure bilancielle de la foncière cotée.

Par exemple ces deux foncières fictives présentent le même ratio « cours sur FFO » de 13,3 :

	Foncière A	Foncière B
FFO	75 M	75 M
Capitalisation boursière	1 Md	1 Md
Patrimoine immobilier	1,5 Md	1,3 Md
Trésorerie	50 M	50 M
Endettement	600 M	100 M
« cours sur FFO »	13,3	13,3

Et pourtant, toutes choses égales par ailleurs, la foncière B est plus intéressante que la foncière A.

Pour comprendre cela, il ne faut pas raisonner strictement en terme de flux, mais utiliser une approche patrimoniale.

Une foncière cotée est une société détenant essentiellement :

- un portefeuille d'immeubles de placement, en construction ou des terrains,
- de la trésorerie correspondant aux loyers récents ou bénéfices mis en réserve,
- des emprunts à court et long terme.

Par conséquent, la « valeur d'entreprise » de la foncière cotée peut être estimée comme suit :

Valeur d'entreprise = valeur des immeubles - trésorerie + dette

Cependant, en tant qu'actionnaire, ce n'est pas la valeur totale qui nous intéresse, mais seulement l'actif net de dette :

Actif net = valeur des immeubles + trésorerie - dette

Pour mieux comprendre, imaginons qu'un proche possède 100% d'une Société Civile Immobilière détenant un immeuble de rapport d'une valeur de 1 million d'euros adossé à un emprunt hypothécaire de 800 000 € et une trésorerie de 50 000 €.

Il nous propose de racheter la totalité de ses parts.

Même si l'immeuble vaut 1 million d'euros, les parts n'en valent pas 1 million, puisque l'emprunt de 800 000 € reste à rembourser. D'autre part, la trésorerie de 50 000 € n'est pas négligeable non plus et doit être prise en considération.

La valeur des parts pourrait donc être estimée à :

Valeur des parts = 1 M€ + 50 k€ - 800 k€ = **250 k€**

En reprenant l'exemple de nos foncières A et B :

	Foncière A	**Foncière B**
Patrimoine immobilier	1,5 Md	1,3 Md
+ Trésorerie	50 M	50 M
- Endettement	550 M	100 M
= Actif net	0,95 Md	1,25 Md
Capitalisation boursière	1 Md	1 Md

Nous constatons alors que si elles avaient le même ratio « cours sur FFO », la foncière A détient un actif net de 0,95 milliard, inférieur à sa capitalisation boursière, tandis que la foncière B possède un actif net de 1,25 milliard, supérieur à sa capitalisation boursière.

Nous dirons que la foncière A surcote sur son actif net, tandis que la foncière B décote sur son actif net.

En tant qu'investisseur, une décote présage d'une bonne affaire et une surcote d'un prix déraisonnable.

Quelle différence entre l'actif net et l'actif net réévalué ?

Dans les comptes de bilan de la société immobilière cotée, les immeubles vont être comptabilisés selon leur prix d'achat.[109]

[109] A quelques rares cas près, comme Cominar, où ils sont comptabilisés en valeur de marché en application d'une norme IFRS.

Par conséquent, en calculant l'actif net d'après les sommes indiquées dans le compte de bilan, nous ne tiendrons pas compte de l'évolution des prix de l'immobilier et nous le sous-estimerons probablement.

Le terme d'Actif Net Réévalué ou ANR (*Net Asset Value* ou *NAV*) désigne un calcul de l'actif net avec une réévaluation de la valeur des immeubles au prix actuel.

Le terme d'ANR triple net ou (*Triple Net Asset Value ou NNNAV*) désigne un calcul de l'actif net où la réévaluation concerne l'ensemble des éléments de l'actif et du passif de la foncière, en particulier les emprunts obligataires et les instruments financiers de couverture, qui ont une valeur de marché.

Comment calculer l'ANR ?

Les entreprises européennes communiquent systématiquement leur ANR, comme ici Mercialys :

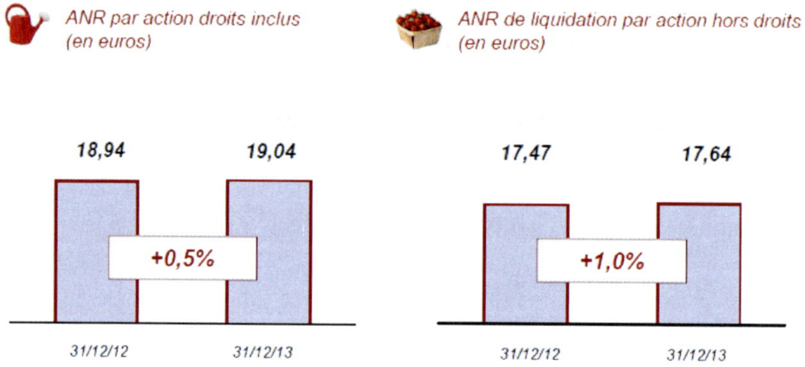

ANR de Mercialys (source : www.mercialys.fr)

L'ANR droits inclus ou de remplacement (*replacement NAV*) est estimé en tenant compte des frais et droits de mutation, tandis que l'ANR de liquidation (*liquidation NAV*) les exclut.

De la même manière, la majorité des foncières cotées asiatiques et australiennes communiquent sur leur ANR.

Voici, par exemple, l'ANR de Link REIT :

HK$'M	As at 31 Mar 14	As at 30 Sep 13	As at 31 Mar 13
Total Assets	113,466	104,294	99,423
Total Liabilities	17,115	16,382	17,781
Net Assets Attributable to Unitholders	96,351	87,912	81,642
Units in Issue (M)	2,310.9	2,310.9	2,288.1
Net Asset Value Per Unit	$41.69	$38.04	$35.68

ANR de Link REIT (source : www.thelinkreit.com)

La foncière singapourienne résidentielle Ascott Residence Trust divulgue aussi son ANR :

FINANCIAL RATIOS AS AT 31 DECEMBER

Net Asset Value (NAV) Per Unit	S$1.34	S$1.28	S$1.36	S$1.35	**S$1.37**
Aggregate Leverage	41.2%	40.3%	40.8%	40.1%	**34.0%**
Interest Cover Ratio[3]	3.5 times	3.7 times	3.8 times	3.9 times	**4.0 times**
Management Expense Ratio[4]	1.3%	1.0%	1.3%	1.1%	**0.5%**
Derivative Financial Liabilities as a Percentage of NAV[5]	2.3%	0.8%	1.2%	1.3%	**0.5%**

ANR d'Ascott Residence Trust (source : www.ascottreit.com)

En Australie, la terminologie *Net Tangible Asset* remplace le traditionnel *Net Asset Value*, comme ici la foncière logistique et industrielle BWP :

	6 months to Dec 13	Previous corresponding period
Revenue	$59.8 million	10.7%
Net profit including revaluations	$66.7 million	$48.8 million
Distributable profit (excluding revaluations)	$42.9 million	14.7%
Number of units on issue	627.2 million	533.6 million
Half-year distribution per unit	6.83 cents	2.4%
Total assets	$1,658.8 million	21.6%
Borrowings	$327.7 million	$296.3 million
Net tangible assets	$2.02 per unit	$1.87 per unit
Weighted average cap rate	7.71%	7.91%
Gearing (debt to total assets)	19.8%	21.7%
Covenant gearing (debt + n.c.l.[2] to total assets)	20.4%	22.9%

ANR de BWP Trust (source : www.bwptrust.com.au)

Pour les foncières américaines ou canadiennes, nous devons l'estimer, car il n'est quasiment jamais communiqué.

Si la formule est simple, encore faut-il disposer d'une estimation de la valeur du patrimoine immobilier de la foncière cotée.

Nous pouvons l'estimer en utilisant le cumul des loyers nets d'exploitation communiqué par la société, multiplié par un taux de capitalisation approprié.

Mais cette fois-ci, c'est le taux de capitalisation approprié qu'il nous faut déterminer et nous avons vu au chapitre « 4.1 – Valoriser un immeuble » les difficultés de l'exercice pour un particulier ne disposant pas de base des données professionnelles des transactions immobilières.

Comment calculer la décote ou surcote sur ANR ?

Si vous disposez de l'ANR et du cours de bourse, le calcul est trivial :

Par exemple, avec un ANR de liquidation fin 2013 à 17,64 € et un cours de 17 €, Mercialys décote de :

(17,64-17) ÷ 17,64 = **3,63%**

À l'inverse, avec un ANR fin 2013 à 146 € et un cours à 210 €, Unibail-Rodamco surcote d'un astronomique :

- ((146-210) ÷ 146) = **44%**

Faut-il investir dans une foncière qui surcote sur son ANR ?

Unibail-Rodamco est un parfait exemple de la prudence que nous évoquions en début de chapitre pour les foncières cotées exceptionnelles.

L'historique de performance d'Unibail-Rodamco est superbe, son patrimoine de gros centres commerciaux ou bureaux est incomparable, mais en achetant au cours actuel, vous payez 44% de plus que la valeur des immeubles nette de dette !

Quelle que soit la qualité de la foncière, une surcote supérieure à 20% est probablement excessive.

Si la surcote sur Unibail-Rodamco revenait à 15% de surcote sur ANR au lieu de 44%, le cours passerait de 210 € à 170 €, soit une baisse de 20%. Même pour un actionnaire long terme ne s'intéressant qu'à la rente générée par les dividendes perçus, la moins-value est perceptible.

Étonnamment, une surcote ou une décote peut être autoréalisatrice.

Ainsi, l'AFFO Yield peut être une approximation du coût des fonds propres obtenus par l'émission d'actions nouvelles. Plus l'AFFO Yield est élevé, plus le capital levé coûte cher ; plus l'AFFO Yield est faible, plus le capital levé est bon marché.

Une foncière avec un AFFO Yield faible, par exemple à 4%, peut immédiatement augmenter son ANR par action et créer de la valeur pour ses actionnaires historiques en émettant des actions nouvelles et acquérant dans la foulée des immeubles avec un rendement locatif net de 6%. L'émission d'actions est alors paradoxalement relutive pour les actionnaires existants.

A contrario, une foncière avec un AFFO Yield élevé, par exemple à 8%, peut immédiatement réduire son ANR par action et détruire de la valeur pour ses actionnaires historiques en émettant des actions nouvelles et acquérant les mêmes immeubles [à 6% de rendement locatif net]. L'émission d'actions est alors naturellement dilutive pour les actionnaires existants.

Enfin, avec la même logique, une foncière qui rachète ses propres actions alors qu'elle décote sur son ANR, augmente mécaniquement son ANR par action. Plus la décote est marquée, plus l'ANR par action augmente et l'opération est relutive pour les actionnaires.[110] Quand la décote est importante, un rachat d'actions demande peu

[110] Pour comprendre la mécanique relutive du rachat d'actions, consultez cette newsletter de l'investisseur heureux : http://goo.gl/2cHgHC

d'efforts et crée plus de valeur pour l'actionnaire que l'acquisition de nouveaux immeubles.

D'où :

	AFFO Yield vs Taux de capitalisation	Émission d'actions	Rachat d'actions
Surcote sur ANR	AFFO Yield > taux de capitalisation	Augmente l'ANR par action	Réduit l'ANR par action
Décote sur ANR	AFFO Yield < taux de capitalisation	Réduit l'ANR par action	Augmente l'ANR par action

Si les foncières européennes sont peu coutumières des émissions d'actions ou rachat d'actions opportunistes, ces opérations sont plus fréquentes pour les foncières américaines.

Pourquoi certaines foncières surcotent ou décotent sur leur ANR ?

Premièrement, il y a les aléas des marchés boursiers. En mars 2009, toutes les foncières cotées décotaient sur leur ANR : les plus solides décotaient de 10%, les plus fragiles de 80% !

Deuxièmement, les acteurs de marchés peuvent anticiper – à tort ou à raison – une baisse ou une hausse de l'ANR dans le futur.

Troisièmement, l'ANR ne mesure que la valeur tangible, celle du patrimoine. Mais comme nous l'avons vu dans la partie précédente « Qualités d'une foncière cotée » : une foncière n'est pas que la « somme » de ses immeubles. La bonne gouvernance, la confiance dans la direction, la qualité des équipes, leur connaissance du marché immobilier, ses relations avec des partenaires privés ou publics, etc. ont également une valeur à prendre en considération.

Quatrièmement, certaines foncières sont délaissées des acteurs de marché. Des performances systématiquement décevantes, une liquidité trop étroite, un ANR en baisse chaque année contribuent à une décote « perpétuelle ».

Peut-on faire confiance à l'ANR communiqué par les foncières ?

Les expertises immobilières sont normalement réalisées par des cabinets d'experts indépendants et n'ont pas de raison d'être mises en cause.

Si les éléments de l'estimation sont communiqués, vous pouvez néanmoins réestimer facilement la valeur du patrimoine avec vos propres taux de capitalisation, comme dans cet exemple :

	Bénéfice d'exploitation net en k$	Répartition	Taux de capitalisation estimé	Valeur estimée (en Md$)
Bureaux	190 588	52%	6,4%	3,0
Commercial	91 550	25%	6,7%	1,4
Industriel et polyvalent	86 072	23%	7,3%	1,2
	368 210			**5,5**

	Bénéfice d'exploitation net	Répartition	Taux de capitalisation estimé	Valeur estimée (en Md$)
Québec	73 326	20%	6,7%	1,1
Montréal	195 793	53%	6,7%	2,9
Autres – Québec	7 900	2%	7,6%	0,1
Ottawa	33 586	9%	6,1%	0,6
Autres – Ontario	6 958	2%	6,8%	0,1
Provinces atlantiques	23 469	6%	7,7%	0,3
Ouest canadien	27 178	7%	6,0%	0,5
	368 210			**5,5**

Exemple d'évaluation patrimoniale pour Cominar, inspiré des éléments fournis par Cominar

Résumé

L'Actif Net Réévalué correspond à la valeur patrimoniale de la foncière cotée. Il a l'avantage par rapport au ratio « cours sur FFO » ou à l'AFFO Yield de tenir compte de la structure bilancielle.

L'ANR est communiqué par les foncières européennes et asiatiques, mais pas par les foncières américaines ou canadiennes.

Le calcul de l'ANR n'est pas conceptuellement compliqué, mais se heurte à l'estimation de valeur du patrimoine immobilier de la foncière, s'il n'est pas communiqué par celle-ci.

S'il est, *a priori*, préférable d'investir dans des foncières qui décotent sur leur ANR plutôt que dans celles qui surcotent, ces écarts de valorisation peuvent parfois s'expliquer.

Des augmentations ou réductions de capital peuvent être créateurs ou destructeurs de valeur, selon que la foncière surcote ou décote sur son ANR.

Chapitre

5

Rendement sur dividende

Puisque nous investissons dans des foncières cotées essentiellement pour en tirer une rente via les dividendes perçus, pourquoi ne pas simplement utiliser le rendement sur dividende comme critère d'investissement ?

Cela peut être une stratégie, mais comme nous l'avons vu au chapitre « 3.7 – Régularité des dividendes », les foncières disposent d'une certaine latitude dans la distribution de leur dividende.

Faut-il privilégier une société immobilière qui choisit de verser l'intégralité de ses profits en dividende quitte à obérer sa croissance future, ou préférer une foncière qui augmente régulièrement son dividende, en distribuant moins et réinvestissant systématiquement une partie de ses profits ?

Le choix va dépendre de vos objectifs : si vous avez besoin d'un complément de revenus immédiat, vous privilégierez les premières, dans le cas contraire, vous préférerez les secondes.

Notons que certaines foncières américaines, comme Realty Income, versent la quasi-intégralité de leur profit, mais arrivent malgré tout à faire croître leurs profits et dividendes, par le biais d'émission d'actions opportunistes.

Un rendement sur dividende élevé peut également s'expliquer par un cours anormalement bas et une décote sur ANR, justifiée ou non.

Quoi qu'il en soit, dans la mesure où le versement du dividende « arrive » après les profits et que les taux de distribution sont variables entre les foncières, le ratio « cours sur FFO » et l'AFFO Yield seront des meilleurs indicateurs de la cherté ou non d'une foncière.

Résumé

Si vous n'avez pas un besoin immédiat de revenus complémentaires, privilégiez les sociétés immobilières distribuant moins de dividendes, investissant dans la croissance de leurs profits et *ipso facto* celle du dividende futur.

Pour détecter une foncière bon marché, la décote sur l'ANR, le ratio « cours sur FFO » et l'AFFO Yield doivent être préférés au rendement sur dividende.

Conclusion

Cher lecteur, chère lectrice,

Nous voici arrivés au terme de ce livre.

Je l'ai voulu accessible à tous, mais sans négliger des sujets plus pointus, peut-être rebutants pour les néophytes, mais d'importance.

Au-delà de l'aspect financier, les foncières cotées sont vraiment passionnantes.

Leur patrimoine exceptionnel nous fait voyager à New York, Londres, Hong Kong ; et rêver devant la magnificence de leurs immeubles.

Investir dans une foncière cotée, c'est posséder un petit morceau de ces superbes bureaux ou centres commerciaux, c'est posséder une part de New York, Londres, Hong Kong…

J'espère avoir su vous faire partager cette passion et échanger avec vous sur le site **www.devenir-rentier.fr**.

A vous lire,

Philippe

Pour suivre l'actualité des foncières cotées, abonnez-vous gratuitement à notre newsletter hebdomadaire : www.devenir-rentier.fr/newsletter

Tables des matières

Index des sociétés